Gütersloher Taschenbücher / Siebenstern 80

Ulrich Wilckens

Auferstehung

Das biblische Auferstehungszeugnis
historisch untersucht und erklärt

Gütersloher Verlagshaus
Gerd Mohn

Lizenzausgabe des Kreuz Verlages Stuttgart · Berlin

CIP-Kurztitelaufnahme der Deutschen Bibliothek

Wilckens, Ulrich:
Auferstehung: d. bibl. Auferstehungszeugnis
histor. untersucht u. erklärt / Ulrich Wilckens. –
3. Aufl., (13.–17. Tsd.). – Gütersloh: Gütersloher
Verlagshaus Mohn, 1981.
  (Gütersloher Taschenbücher Siebenstern; 80)
  ISBN 3-579-03880-x

NE: GT

ISBN 3-579-03880-X

3. Auflage des Taschenbuches 1981 (13.–17. Tsd.)
© Kreuz Verlag GmbH Stuttgart · Berlin 1970
Gesamtherstellung: Clausen & Bosse, Leck
Umschlagentwurf: Dieter Rehder, Aachen
Printed in Germany

INHALT

Einleitung

Weder für die, die der festen Meinung sind, das biblische Zeugnis von der Auferstehung Jesu sei einem modernen Menschen schlechterdings nicht mehr zumutbar, noch für die, die es für ein Sakrileg halten, das Glaubenszeugnis der biblischen Offenbarung einer wissenschaftlichen Untersuchung auszusetzen, wird dies Buch vermutlich eine hilfreiche oder gar überzeugende Lektüre sein können. Denn es wird darin einerseits der Versuch unternommen, nach allen Regeln rational-historischer Kunst das biblische Auferstehungszeugnis in seinem ursprünglichen Sinn sichtbar und verständlich zu machen, ohne sich auf dem Erkenntniswege durch irgendwelche Vorurteile, sei es des Glaubens, sei es des Unglaubens, beirren zu lassen. Andererseits aber läßt sich der Verfasser von der Überzeugung leiten, daß, was für die ersten Christen einst von zentraler Bedeutung gewesen ist und sich durch so viele Jahrhunderte christlicher Geschichte als solches bewährt hat, schwerlich für uns heutige Christen auf einmal bedeutungslos geworden sein sollte. Er teilt weder die heute einmal wieder zur Mode gewordene Lust am Zerstören des Überkommenen um eines ganz Neuen willen noch den starren Frontkämpfergeist derer, die die Burg des Überkommenen gegenüber allem »Modernen« abzuriegeln suchen.

Denen aber, die das Bedürfnis haben, sich möglichst genau und gründlich darüber zu informieren, was die ältesten Christen wohl meinten, wenn sie von der Auferstehung Jesu sprachen, soll dies Buch eine verläßliche Hilfe sein. Er will dem Leser nicht vorschreiben oder vorschlagen, was er selbst über das Auferstehungszeugnis des Neuen Testaments zu denken habe. Das Urteil darüber überläßt der Verfasser dem Leser selbst und konzentriert sich statt dessen auf den Bereich derjenigen Kenntnisse, die einer soliden Urteilsbildung voraufgehen sollten.

Auf eine Einführung in die Geschichte und den Stand der Forschung sowie auf eine ausgeführte Auseinandersetzung mit den zum Teil sehr verschiedenen, ja gegensätzlichen Meinungen und Urteilen der Fachkollegen mußte in dem begrenzten Rahmen dieser Buchreihe verzichtet werden. Der Kenner vermag ohnehin aus nahezu jedem Satz Zustimmung und Widerspruch des Verfassers zu allen wichtigen Thesen der älteren und neueren Literatur zu erkennen. Dem Nichtfachmann sei versichert, daß ihm der Sache nach nichts Wichtiges aus der einschlägigen Forschung vorenthalten wird.

Die selbstverständlich gebotene Redlichkeit verlangt jedoch, den Anteil derjenigen, deren Arbeiten noch nicht veröffentlicht sind, hier eigens zu erwähnen. Es sind dies die Herren Dr. *Klaus Berger* und *Eckhard Rau.* Beiden verdanke ich wesentliche Einsichten im Blick auf die jüdische Auferstehungserwartung: dem ersten das S. 98 ff. über die Elia-Erwartung Ausgeführte, dem zweiten die S. 85 ff. vorgetragene Deutung von Hen. 22. Wissenschaftliche Arbeit gedeiht immer am besten, wenn man sie mit anderen gemeinsam treibt. Es ist hier der Ort, diesen beiden Mitarbeitern für alle Bereicherung herzlich zu danken.

Ulrich Wilckens

Kapitel I
Auferstehung im Neuen Testament

Wer sich auf wissenschaftliche Weise danach erkundigen will, was es mit dem biblischen Auferstehungszeugnis auf sich hat, muß sich zuerst über die vorhandenen Quellen informieren und sorgsam ihre Aussagen miteinander vergleichen, um sie an ihrem jeweils besonderen Ort innerhalb der Geschichte des Urchristentums einzuordnen. Denn erst wenn man weiß, wann und wo, in welchem Milieu und in welcher Situation die verschiedenen Autoren ihre Aussagen gemacht haben, vermag man ihr Zeugnis als solches ernst zu nehmen, es in seinem ursprünglich gemeinten Sinn zu verstehen und seine Bedeutung abzuschätzen.

I. Über die Quellen und ihre Geschichte

Begreiflicherweise gibt es keinerlei nichtchristliche Zeugnisse, die uns, sei es über die Auferstehung Jesu und seine Erscheinungen, sei es über die Auferstehungsverkündigung der ältesten Christen aus nichtchristlichem Aspekt Mitteilungen machten, die für ein geschichtlich zutreffendes Bild natürlich von einiger Bedeutung wären. Schon der erste antichristliche Polemiker von Format, der griechische Philosoph Celsus (178 nach Christus), spottet darüber, daß Jesus, wenn er schon tatsächlich auferstanden sei, nicht seinen Gegnern, nicht seinem Richter und überhaupt allen, sondern allein seinen eigenen Anhängern erschienen sei. Was sich an jüdischer Polemik findet, stammt aus sehr viel späterer Zeit. Für das erste Jahrhundert selbst sind wir ausnahmslos auf das Zeugnis der Christen angewiesen. Es ist darum von vornherein damit zu rechnen, daß durchweg alle Zeugnisse von ihrem Glauben, von seiner Sicht und seinen Interessen bestimmt sind. »Reine Tatsachenberichte« gibt es nicht. Die ältesten Christen sind zweifellos die letzten, von denen solcherlei zu erwarten wäre.

Die in Frage kommenden Schriften lassen sich verhältnismäßig eindeutig in ihrem Alter bestimmen. Die ältesten Dokumente des

Neuen Testaments sind die Briefe des Paulus. Der 1. Korintherbrief, in dessen 15. Kapitel sich eine Zusammenfassung aller Paulus
bekannten Osterüberlieferungen findet, stammt aus dem Jahr 54
oder 55 nach Christus. Die Evangelien sind allesamt später geschrieben. Das älteste von ihnen ist nach dem fast übereinstimmenden Urteil der Forschung das Markusevangelium; es ist kurz
vor oder nach 70 nach Christus geschrieben. Der Matthäus- wie der
Lukasevangelist haben es unabhängig voneinander ihren Darstel-
lungen zugrunde gelegt. Ihre Bücher werden daher überwiegend
auf das Ende des ersten Jahrhunderts datiert. Das Johannesevangelium stammt aus etwa derselben Zeit. Es zeigt in seiner Ostergeschichte eine gewisse Nähe zum Lukasevangelium. Doch darf man
daraus wahrscheinlich nicht schließen, daß sein Verfasser es selbst
benutzt hat. Beiden Evangelisten scheint vielmehr ein ähnlicher
Erzählungszusammenhang aus mündlicher Überlieferung vorgele-
gen zu haben. Aus nochmals späterer Zeit stammen schließlich
einige Evangelienschriften, die nicht in den Kanon des Neuen
Testaments aufgenommen worden sind. Unter ihnen ist für uns
besonders das Petrusevangelium von Interesse, an dessen Schluß
sich eine Ostergeschichte findet, die sich stark mit der Darstellung
des Matthäus berührt, diese aber deutlich mit naiv-phantastischer
Dramatik ausgeschmückt hat.

Doch die Abfassungsdaten der einzelnen Schriften können nicht als
Maßstab für ein Urteil über das Alter der in ihnen erzählten
Inhalte dienen. Die Forschung der letzten Jahrzehnte hat vielmehr
gelernt, aus den vorhandenen Schriften die Stoffe zu erkennen, die
die Autoren aus mündlicher Gemeindeüberlieferung kannten und
in ihren Büchern verarbeitet haben. Das trifft zum Beispiel für die
schon erwähnte kurze Zusammenfassung der Osterereignisse in 1.
Kor. 15 zu. Paulus sagt dort ausdrücklich, er habe sie bereits selbst
»übernommen« und der Gemeinde im Zusammenhang ihrer
Gründung »übergeben« (V. 1 f.). Das heißt, die hier zusammenge-
stellten Stoffe gehen zweifellos auf die allerälteste Phase der
Geschichte des Urchristentums zurück.

Auch die Stoffe der Ostergeschichten der Evangelien haben allesamt bereits eine Geschichte in mündlicher Gemeindeüberlieferung durchlaufen, bevor sie von den Verfassern schriftlich gestaltet
worden sind. Es besteht darum methodisch durchaus die Möglichkeit, daß Partien in *literarisch* späteren Schriften dennoch ein
überlieferungsgeschichtlich hohes Alter haben können. Zum Bei-

spiel ist es durch das jüngere Datum des Markusevangeliums gegenüber dem 1. Korintherbrief nicht bereits ausgemacht, daß, was Markus erzählt, erst nach Paulus entstanden sein muß. Wenn Paulus in seinen Briefen an keiner Stelle einwandfrei zeigt, daß er die Geschichte vom leeren Grabe Jesu gekannt hat, so darf man daraus allein keineswegs schließen, daß es sich also um eine in nachpaulinischer Zeit entstandene Erzählung handeln muß (woraus dann natürlich Konsequenzen für ihre historische Beurteilung zu ziehen sind).

Durch die Erkenntnis einer breiten, vielschichtigen Periode mündlicher Überlieferung vor der Entstehung unserer schriftlichen Dokumente ist also die Urteilsbildung für die Forschung keineswegs leichter, sondern vielmehr sehr viel komplizierter geworden. Zugleich jedoch haben sich durch sie aber auch die Möglichkeiten, in die ältesten Zeiten urchristlicher Überlieferung Einblick zu gewinnen, wesentlich verbessert. Methodisch folgt daraus, daß wir die einzelnen Nachrichten und Erzählungen sorgsam miteinander vergleichen und dabei über die Frage nach ihrem literarischen Alter hinaus die nach ihrem Ort in der mündlichen Überlieferungsgeschichte zu stellen haben.

Aber nicht nur das! Es ist zugleich immer auch zu fragen, wie sich die Entstehung dieser Stoffe in der Überlieferung der Gemeinde erklären läßt. Denn wenn die Schriftsteller nicht die ersten gewesen sind, die sie gebildet haben, so sind für die Entstehung in mündlicher Überlieferung jedenfalls andere Gründe zu benennen, als man sie gemeinhin für literarische Erzeugnisse anzusetzen gewohnt ist. Weder Produkte dichterischer oder schriftstellerischer Kunst, sind sie noch etwa Werke der Geschichtsschreibung; überhaupt können sie nicht durch irgendeinen literarischen Vorsatz eines Autors erklärt werden, sondern allein durch die sozialen Bedürfnisse des Lebens jener Gemeinden, in denen und für deren Gebrauch die Stoffe entstanden sind. So ist nach den Bedingungen des urchristlichen Gemeindelebens zu fragen, unter denen sich das Bedürfnis einstellte, dieserart Stoffe zu überliefern. Die Methode, unter dieser Fragestellung die Texte zu untersuchen, die sogenannte formgeschichtliche Analyse, ist seit den zwanziger Jahren unseres Jahrhunderts ausgebildet worden und gehört heute zum wesentlichen methodischen Arsenal nicht nur der Bibelexegese, sondern aller Literaturwissenschaften, die es mit volkstümlich gewachsener und von Mund zu Mund weitergegebener Überlieferung zu tun haben.

Was nun die urchristlichen Osterzeugnisse betrifft, so können wir hier vorweg keine detaillierten Formalanalysen geben. Doch soll auf einen Gesichtspunkt hingewiesen werden, der dann für die folgenden Untersuchungen wichtig wird: Es sind nämlich offenbar verschiedene Überlieferungssituationen gewesen, die zu verschiedenen Formen der Überlieferung geführt haben. Das gilt, wie für alle Stoffe des Neuen Testaments, so auch von den Osterzeugnissen: Sie sind nicht auf ein und derselben Ebene zu behandeln. Die Missionare zum Beispiel sprachen anders von der Auferweckung Jesu als im Gottesdienst der Gemeinden von ihr die Rede war. Aber auch innerhalb des Gottesdienstes klang in den Hymnen zum Lobpreis des erhöhten »Herrn« die Botschaft von seiner Auferweckung anders als in dem verlesenen Bericht über seine Leidensgeschichte. Die kurze, listenartige Zusammenfassung der verschiedenen Erscheinungen des Auferstandenen 1. Kor. 15,5-7 muß anderen Zwecken gedient haben als die ausführliche, mit großer Erzählkunst gestaltete Geschichte von der Begegnung der beiden Jünger mit ihrem unerkannten Meister auf der Wanderung Luk. 24,13 ff. Das eine ist sichtlich zum Auswendiglernen formuliert, das andere zu staunendem Zuhören; das erste weist so auf katechetischen Gebrauch – man hat geradezu von einem Kleinen Katechismus gesprochen –; das andere könnte die gottesdienstliche Lesung einer Gemeinde gewesen sein, die in dem erzählten Geschehen den Ursprung ihrer eigenen Geschichte festhielt. Schließlich wird man berücksichtigen müssen, daß die urchristlichen Gemeinden keineswegs einander gleich waren und so nicht alle dieselben Stoffe überliefert haben. Während zum Beispiel Paulus als Missionar im Zentrum seiner Predigt den Tod Christi und seine Auferweckung verkündigt hat, setzen die ähnlichen Spruchsammlungen in Luk. 10 und Matth. 10 eine Gruppe von Jüngern Jesu voraus, die nach seiner Weisung die Nähe des Reiches Gottes ausgerufen haben (Matth. 10,7) wie Jesus selbst es getan hatte (Matth. 4,12 ff.). Von seiner Auferweckung ist hier nicht die Rede; sie wird zwar zweifellos vorausgesetzt, ist aber nicht wie bei Paulus zentraler Inhalt der Missionsverkündigung. Bei Paulus findet sich andererseits das zentrale Hauptwort der Predigt Jesu, das »Gottesreich«, nur am Rande, in der sittlichen Unterweisung, nicht in der Missionsverkündigung (vgl. etwa 1. Kor. 6,9 f.; Gal. 5,21; Röm. 14,17). Und während bei Paulus wie auch im 1. Petrus- und im Hebräerbrief von der Auferweckung im Aufblick zu dem erhöhten Herrn im Himmel die Rede ist und die preisenden Aussagen über seine Erhöhung und seine himmlische Machtstellung und Herrschaftsfunktion die Verkündigung seiner Auferweckung unmittelbar fortführen, kommt es nach dem Lukasevangelium und der Apostelgeschichte darauf an, die Auferweckung Jesu als ein Geschehen im Rahmen seiner irdischen Geschichte zu sehen (vgl. zum Beispiel Apg. 10,37-42). Das alles sind Unterschiede im Gesamtaspekt, die nicht miteinander harmonisiert werden dürfen, sondern wahrscheinlich durch die Annahme verschiedener Gemeinden als Überlieferungsträger zu erklären sind.

So wird deutlich: Wie die Schriften des Neuen Testaments verschiedenen Zeiten und Situationen entstammen, so stammen die von ihnen aufgenommenen, mündlich gestalteten Überlieferungen sowohl aus verschiedenen Bereichen des frühchristlichen Lebens als auch aus verschiedenen Gemeinden. So überraschende Möglichkeiten uns die formgeschichtliche Analyse der Texte einerseits eröffnet, über die ältesten Schriften hinaus in die ihnen noch vorausliegende früheste Phase der urchristlichen Überlieferungsgeschichte – vor Markus und vor Paulus – Einblick zu erhalten, so nachdrücklich weist sie andererseits darauf hin, daß gerade in der ältesten Zeit die Kirche keineswegs eine geschlossene, einheitliche Überlieferung gehabt hat, sondern von Ort zu Ort große Verschiedenheiten zeigt. Man tut also gut, die verschiedenen Zeugnisse innerhalb ihres eigenen Überlieferungsbereiches zunächst für sich zu betrachten und Beziehungen zueinander nur da anzunehmen und auszuwerten, wo sie sich deutlich zeigen.

2. Die Auferstehungsverkündigung in den Briefen des Paulus

In den Briefen des Paulus gibt es einige Stellen, an denen sich mehr oder weniger deutlich erkennen läßt, wie man in den ältesten urchristlichen Missionsgemeinden von der Auferstehung Jesu gesprochen hat. Ihnen muß zunächst unser vordringliches Interesse gelten; denn wir wollen ja vor allem einen Einblick in die älteste Phase des christlichen Auferstehungsglaubens zu gewinnen suchen.

a) Dazu zählt jedenfalls jenes kurze katechismusartige Überlieferungsstück 1. Kor. 15,3-5. Paulus betont, daß er es selbst bereits übernommen hat (V. 1 f.) und auch alle übrigen Missionare dasselbe verkündigen (V. 11). Es ist also einerseits sehr alt und andererseits weit verbreitet. Wir müssen es darum an erster Stelle betrachten. Die Sätze V. 3-5 heben sich überdies auch durch kunstvolle Anlage und strenge Formulierung aus dem Zusammenhang deutlich heraus:

I. »Christus ist gestorben für unsere Sünden nach den Schriften.
II. Er ist bestattet worden.
III. Er ist auferweckt worden am dritten Tage nach den Schriften.
IV. Er ist Kephas erschienen, danach den Zwölfen.«

Die Mitte bilden die beiden Sätze über den Tod und die Auferstehung Christi (I und III). Sie entsprechen sich in ihrer dreigliedrigen Aussage und dem übereinstimmenden Hinweis auf die »Schriften«. Die kürzeren Sätze II und IV sind ihnen jeweils zugeordnet. Die Bestattung bekräftigt den Tod, die Erscheinungen unterstreichen die Auferweckung.

Das ganze Stück wird zusammengehalten durch das eine Subjekt, das beherrschend am Anfang steht: »*Christus*«. Dieser Name ist die griechische Wiedergabe des hebräischen »maschiach« (Messias) = »der Gesalbte«, mit dem das umgebende Judentum den König aus Davids Geschlecht bezeichnete, auf dessen baldiges Erscheinen als des von Gott gesandten Retters man sehnsüchtig wartete. Die Christen glaubten den Messias in Jesus gekommen, jedoch nicht als siegreichen Feldherrn gegen Israels Feinde, sondern als Gekreuzigten, der zur Sühnung der Sünden gestorben und von Gott vom Tode auferweckt worden sei. So hat der jüdische Messiasname in der Sprache der ältesten Christen von Anfang an einen sehr besonderen Sinn erhalten. Als solcher ist er zugleich so selbstverständlich gebraucht worden, daß man vielfach im Zweifel sein kann, wieweit »Christus« überhaupt noch als Messiastitel und wieweit er bereits einfach als Eigenname des Gekreuzigten aufgefaßt worden ist, dessen Sinn ganz und gar von der Bedeutung seines Todes und seiner Auferweckung bestimmt war. Im Passionsbericht des Markus ist diese christliche Umprägung des jüdischen Messiastitels an einer Stelle besonders augenfällig. Über dem Gekreuzigten wird eine Tafel angebracht, auf der eine Inschrift die Ursache seines Todes nennt: »Der König der Juden« (Mark. 15,26). Ähnliches sagt die alte Glaubensformel 1. Kor. 15,3, wenn hier betont »Christus« am Anfang steht. Der Messias Gottes, das ist dieser Eine – als der Gekreuzigte.

Der Satz über die Heilswirkung des Todes Christi (I) kann im Rahmen dieses Buches nicht in seinem Sinn erhellt werden. Dazu sei auf den entsprechenden Band in dieser Reihe verwiesen. Welches Gewicht dieser Satz in der Aussagenreihe als ganzer hat, läßt sich daran erkennen, daß allein in ihm von der Heilsbedeutung für uns die Rede ist: »Christus ist für unsere Sünden gestorben.« Entsprechendes sagt die Abendmahlsüberlieferung. In ihrer Fassung bei Paulus (1. Kor. 11,24) heißt es vom Brot: »Das ist mein Leib, der für euch (in den Tod gegeben wird)«; und in der Fassung im Markusevangelium heißt es auch vom Becher: »Das ist mein Blut, durch das der Gottesbund bekräftigt wird, vergossen für viele« (Mark. 14,24). Vom Abendmahl wird dort im Rahmen der Leidensgeschichte Jesu berichtet, und auch Paulus deutet an, daß er die Einsetzungsworte im Zusammenhang eines Berichts über die Ereignisse »in der Nacht, in der er übergeben wurde«, kennt (1. Kor. 11,23). Da nun in der Formel 1. Kor. 15,3-5 auf den Satz über Jesu Tod für unsere Sünden die Angaben über seine Grablegung und Auferstehung folgen und diese den beiden Schlußszenen der markinischen Leidensgeschichte entsprechen (Mark. 15,42 ff.; 16,1 ff.), liegt die Vermutung nahe, daß sich entsprechend die Aussage über den Sühnetod Christi V. 3 auf die Abendmahlsszene im Erzählungszusammenhang des Passionsberichtes bezieht. Die Formel als ganze würde sich dann als geraffte Zusammenfassung der Passionsgeschichte Jesu erweisen.

Daß der kurze Satz über die Bestattung Jesu (II) die entsprechende Erzählung der Evangelien voraussetzt, läßt sich zwar nicht stringent nachweisen, ist aber die wahrscheinlichste Annahme. Denn daß die Erwähnung der Bestattung nur die Realität des Todes unterstreichen solle, so daß Tod und Begräbnis aufs engste zusammengehören (vgl. Apg. 2,29; Luk. 16,22; Jes. 53,9), ist dadurch ausgeschlossen, daß dem Satz in der Reihe der Aussagenformel trotz seiner Kürze das gleiche, selbständige Gewicht zukommt wie den anderen drei Sätzen. Am Vorgang der Bestattung besteht also ein eigenes Interesse. Das läßt sich von daher erklären, daß man im Judentum durchweg nicht nur von der Bestattung der Toten sprach, wenn von ihrem Tod die Rede war, sondern auch die Grabstätten selbst pflegte und verehrte (vgl. Apg. 2,29; Matth. 23,29). Eben diese Intention steht zweifellos auch hinter dem Grablegungsbericht im Rahmen der Leidensgeschichte. Daß die

Erzählung eine bestimmte Ortskunde verrät, ist darum sehr wahrscheinlich; ja manche Ausleger vermuten sogar, daß es sich um einen kultischen Bericht im Rahmen einer gottesdienstlichen Feier der Jerusalemer Gemeinde am Grabe Jesu gehandelt hat.

Dem ist oft entgegengehalten worden, daß Paulus nirgends sonst in seinen Briefen eine Kenntnis der Grablegungsgeschichte zeigt. Das ist richtig. Doch braucht das nicht der geäußerten Vermutung zu widersprechen. Denn außerhalb Jerusalems, in den Missionsgemeinden Kleinasiens und Griechenlands, kann die konkrete Bedeutung, die die Erzählung für die Jerusalemer hatte, verständlicherweise verblaßt und zu einem bloßen Datum der Glaubensüberlieferung zusammengeschmolzen sein. Auch sonst zeigt sich ja in den Briefen des Paulus keinerlei Kenntnis von Einzelheiten des Passionsgeschehens, und gleichwohl ist der Formulierung der Abendmahlsüberlieferung 1. Kor. 11,23 zu entnehmen, daß Paulus sich ihres Zusammenhangs mit jenem bewußt war. Wie die Passionsgeschichte zumindest ursprünglich der Rahmen der Einsetzungsworte gewesen ist, so kann auch entsprechend die Überlieferung 1. Kor. 15,3 f. bei ihrer Entstehung an einer alten Gestalt des Passionsberichtes orientiert gewesen sein.

Übrigens ist 1. Kor. 15,4 nicht die einzige Stelle, an der sich eine Erwähnung der Grablegung Jesu findet. Im Kolosserbrief (2,12) wird die Taufe als Teilhabe an Christi Tod, Grablegung und Auferstehung beschrieben, und im Römerbrief (6,3 f.) interpretiert Paulus diesen, bei den Lesern als bekannt vorausgesetzten Gedanken im Blick auf die in der Taufe erfahrene Sündenvergebung: Im Grabe, in das der tote Christus gelegt worden sei, liege mit ihm auch unsere Sünde, denn Christus ist ja »für unsere Sünden« gestorben; und wie er aus Tod und Grab auferstanden sei, so seien wir durch ihn von unserer Sünde frei geworden, fähig und in Pflicht genommen zum Tun der Gerechtigkeit. Das Grab Christi ist hier ganz und gar zum theologischen Argument geworden. Nichtsdestoweniger zeigt sich hier dieselbe Abfolge von Tod, Bestattung und Auferweckung wie in 1. Kor. 15,4. So ist denn die Vermutung auch nicht mehr von der Hand zu weisen, daß auch die Auferweckungsaussage 1. Kor. 15,4 (III) ursprünglich an der Ostergeschichte orientiert war, mit der der Passionsbericht abschließt, der Geschichte vom leeren Grabe Mark. 16,1-8. Dies Urteil ist zwar in der Forschung sehr umstritten. Soweit sich darin das gegensätzliche Urteil über das Alter dieser Geschichte auswirkt, kann im gegenwärtigen Untersuchungsgang dazu noch nicht Stellung genommen werden. Was dagegen die Paulusstelle betrifft, so muß zunächst, wie hinsichtlich der Grablegungsaussage, zugestanden werden, daß der Apostel nirgendwo in seinen Briefen eine Kenntnis des Inhalts von Mark. 16,1-8 zeigt. Aber das kann dieselben Gründe haben wie dort, nötigt also nicht zu einem negativen Urteil. Was für die oben ausgesprochene Vermutung spricht, ist die Angabe, daß Christus »am dritten Tage« auferweckt worden sei. Dies Datum entspricht genau dem Erzählungsgang in Mark. 16; dort ist es die Morgenfrühe des ersten Wochentages, des dritten Tages nach Jesu Tod, an dem die Frauen Jesu Grab geöffnet auffinden und der Engel in der Grabkammer ihnen die Botschaft von seiner Auferweckung eröffnet. Der »dritte Tag« ist in der urchristlichen Überlieferung zur festen Formel geworden (vgl. Apg. 10,40), die so auch später im zweiten Artikel des römischen Glaubensbekenntnisses auftaucht. Abgesehen von der Beziehung auf Mark. 16, ist der Sinn dieser Formel unerfindlich und so ihre Entstehung nicht überzeugend zu erklären.

Da nach 1. Kor. 15,4 die Auferstehung am dritten Tage »nach den Schriften« geschehen ist, hat man dagegen vermutet, eine alttestamentliche Stelle (Hos. 6,1 f.), wo Gottes Hilfe für das Volk Israel mit der Auferweckung von Toten »am dritten Tage« verglichen wird, habe zur Entstehung der urchristlichen Auferstehungsformel angeregt. Aber weder ist in 1. Kor. 15,3 f. an irgendwelche bestimmten Schriftstellen gedacht – es handelt sich vielmehr um das ganz allgemeine, grundsätzlich gemeinte Urteil, daß sich die ganze Passions- und Ostergeschichte Jesu nach dem Willen Gottes und also »nach den Schriften« vollzogen habe (vgl. Luk. 24,26 f. 44 f.; Apg. 17,2 f. 11; Röm. 1,2; 1. Petr. 1,10 f.) –; noch vor allem findet sich im ganzen urchristlichen Schrifttum auch nur eine Stelle, an der Hos. 6 angeführt wäre!

Auch eine Stelle im Matthäusevangelium (12,40) wird zur Erklärung des »dritten Tages« herangezogen. Hier wird die Auferstehung Jesu mit dem Geschick des Propheten Jona verglichen, der »drei Tage und drei Nächte« im Bauch des Riesenfisches habe zubringen müssen (Jon. 2,1). Doch hier handelt es sich erstens nachweislich um eine späte, nachträgliche Deutung eines alten, rätselhaften Spruches Jesu, der in seiner ursprünglichen Fassung bei Lukas überliefert ist (Luk. 11,29); zweitens aber ist hier nicht von der Auferstehung »am dritten Tage« die Rede, sondern »nach drei Tagen und drei Nächten«, und schwerlich läßt sich erklären, wie von dieser Angabe aus jene entstanden sein kann, während sich der umgekehrte Vorgang leicht verstehen läßt: Der Gleichklang der festen Formel des »dritten Tages« hat dazu geführt, die ähnlich klingende Zeitangabe im Jonabuch nachträglich als Weissagung auf Jesu Auferstehung aufzufassen.

Eine Ableitung aus dem Alten Testament ist also sehr unwahrscheinlich. Will man nicht zu der vagen Erklärung greifen, eine verbreitete Volksmeinung der damaligen Zeit, nach der sich die Seele eines Verstorbenen noch eine kurze Zeit lang, etwa drei Tage, in der Nähe des Leichnams aufhalte, bevor sie ihn ganz verlasse, habe auf das urchristliche Auferstehungszeugnis eingewirkt, so wird man die oben angeführte Vermutung als die einzige Erklärungsmöglichkeit beurteilen: Die vorpaulininische Glaubensformel 1. Kor. 15,3 f. war in ihren Aussagen über den Tod, das Begräbnis und die Auferstehung Christi am dritten Tage an dem Erzählungszusammenhang der Passions- und Ostergeschichte orientiert, die das Markusevangelium bezeugt.

Nun schließt sich an die Auferweckungsaussage eine Reihe von *Erscheinungen des Auferstandenen* an, von denen die beiden ersten (1. Kor. 15,5) zweifellos zur Glaubensformel (V. 3–5) hinzugehören (IV). Hier wird eine Erscheinung vor Petrus, der hier mit seinem aramäischen Namen Käpha genannt wird, mit einer darauffolgenden vor den Zwölf zusammengeordnet. Eine entsprechende Zuordnung einer Einzelerscheinung und einer Gruppenerscheinung findet sich 1. Kor. 15,7: »Er ist erschienen Jakobus, dann allen Aposteln.« Diese auffallende Übereinstimmung in der Form zwischen V. 5 und V. 7 hat zu der Vermutung geführt, daß V. 7 nachträglich V. 5 nachgebildet worden ist. In der Tat spiegelt sich in der Abfolge von Petrus und dem Zwölferkreis zu Jakobus und einem größeren Kreis von Missionaren (Aposteln) die Geschichte der Führungsverhältnisse in der Jerusalemer Gemeinde: Anfänglich war die Gruppe der Zwölf, deren Sprecher Petrus war, das zentrale Führungsgremium (Apg. 2–5). Bald aber ist dann offenbar die Familie Jesu, Jakobus an ihrer Spitze, von Galiläa aus zur Gemeinde der Jesusjünger in Jerusalem hinzugestoßen, und es war nur zu verständlich, daß ihr dort eine besondere Ehrenstellung eingeräumt wurde. Bei dem ersten Besuch, den Paulus nach seiner Bekehrung Petrus in Jerusalem abstattete, hat er den Bruder Jesu bereits gesehen (Gal. 1,18 f.). Als er vierzehn Jahre danach zusammen mit Barnabas zur entscheidenden Verhandlung zwischen der syrischen Metropole der Heidenmission, Antiochia, und der Jerusalemer Führungsspitze zum zweitenmal dorthin kommt, ist Jakobus bereits der erste Wortführer; Petrus und Johannes stehen als die Repräsentanten des alten Führungskreises der Zwölf neben ihm (Gal. 2,1-10). In der Zeit danach schließlich sieht man Petrus als Missionar draußen in den Missionsgemeinden, wozu er durch den Jerusalemer Beschluß bestellt worden ist (Gal. 2,7 f.), während Jakobus in Jerusalem die alleinige Führung innehat, umgeben von »Ältesten« (Apg. 21,17 ff.). Die einander entsprechenden Formeln 1. Kor. 15,5 und 7 spiegeln also in der Tat die Geschichte der Urgemeinde wider; und das wirft ein Licht auf den Sinn und die Funktion dieser kurzen Sätze in ihrer formelhaft-festen Überlieferungsgestalt: In der Nennung der Erscheinungen des Auferstandenen, die den namentlich genannten Christen der Anfangszeit widerfahren seien, sagte man die Autorität aus, die diese durch die Begegnung mit dem Auferstandenen selbst empfangen hätten! Es handelt sich um »Legitimationsformeln«, das heißt: Die Erscheinungen werden unter dem Gesichtspunkt in der Überlieferung festgehalten, daß durch sie die urchristlichen Führer vom Himmel her ihre Legitimation, ihre Berufung und Vollmachtstellung empfangen haben.

Jedenfalls Paulus selbst hat die ihm widerfahrene Erscheinung (1. Kor. 15,8) in diesem Sinne verstanden. Er erwähnt sie sonst in seinen Briefen durchweg nur dort, wo es um seine Berufung zum Apostel geht (Gal. 1,15 f.; Röm. 1,1-5). »Bin ich nicht Apostel? Habe ich nicht den Herrn gesehen?« (1. Kor. 9,1) – diese Fragen gehören unmittelbar zusammen und zeigen besonders deutlich, daß die Erscheinung des Auferstandenen, wie Paulus sie versteht, nicht so sehr seine Bekehrung zum Glauben an Christus als vielmehr seine Berufung zum Apostel zu ihrem wesentlichen Inhalt hatte.

Was nun aber für Paulus gilt, darf entsprechend auch für die vorausgesetzt werden, denen vor ihm eine Erscheinung widerfahren ist. Daß dies jedenfalls für Petrus zutrifft, dafür gibt es einige recht deutliche Hinweise in der Überlieferung. Es wird im nächsten Abschnitt zu zeigen sein, daß der Hinweis des Engels am leeren Grabe Mark. 16,7 auf eine Erscheinung Jesu vor »seinen Jüngern und Petrus« im Sinne ihrer Berufung zur Verkündigung aufzufassen ist. Und die späte Erzählung von der galiläischen Erscheinung

Joh. 21 hat ihr Ziel in dem dreimal wiederholten Auftrag an Petrus, Jesu Schafe zu weiden (V. 15.16.17). Ähnliches ist wohl auch in dem Wort an Petrus Luk. 22,32 gemeint, er solle nach seiner Bekehrung seine Brüder stärken. Vor allem aber spricht der berühmte Spruch Matth. 16,18 Petrus zu, daß er der Felsen sei, auf dem Jesus das ewige Bauwerk seiner Kirche errichten wolle und die Schlüssel zum Himmelreich zu verwalten habe. Manche Exegeten sehen darin mit guten Gründen ursprünglich ein Wort des Auferstandenen, in dem dann der Sinn der Ersterscheinung vor dem Führer der Zwölf als dem »Felsenmann« besonders klar ausgesprochen wäre.

Auch was die Erscheinung vor den Zwölf angeht, zeigt die alte Überlieferung in dieselbe Richtung. Nach Matthäus, Lukas und Johannes erscheint Jesus ihnen, um sie als seine Boten zu senden: Ein Spruch aus alter Überlieferung setzt sie zu Herrschern über die zwölf Stämme der endzeitlichen Heilsgemeinde Israels ein (Matth. 19,28; vgl. Luk. 22,28-30); und nach der Prophetie der Offenbarung Johannes (21,14) werden sie die zwölf Fundamente sein, auf denen die Heilige Stadt der Endzeit erbaut sein wird (vgl. Matth. 16,18!). Ein Rätsel ist, wie hier überall von den Zwölfen die Rede sein kann, während nach der Evangelienüberlieferung, die zuvor von dem Verrat des Judas berichtet hat, Jesus nur den Elf erschienen ist. Die Apostelgeschichte löst das Rätsel, indem sie von einer Nachwahl berichtet, durch die die Zwölfzahl wieder voll geworden sei (Apg. 1,15-26). Das ist sicher nicht, wie manche meinen, Erfindung des Lukas, sondern ihm vorgegebene Überlieferung; aber ob sie alt und zutreffend ist, ist angesichts der widersprechenden Nachricht 1. Kor. 15,5, die jedenfalls auf älteste Tradition zurückgeht, ernstlich zu fragen. So liegt es näher anzunehmen, daß die Zwölfzahl bereits durch eine vorösterliche Einsetzung dieses Kreises ein fester Begriff geworden war, so daß dann von der Erscheinung vor »den Zwölf« gesprochen wurde, obwohl in Wirklichkeit nur elf zugegen waren, was die spätere Überlieferung dann auch durchgehend korrigiert hat.

Jedenfalls sind die Zwölf nicht mit dem Kreis von »allen Aposteln« identisch (1. Kor. 15,7). Bei ihnen handelt es sich zweifellos um eine wesentlich größere Zahl, zu der wohl auch einige der ersten antiochenischen Missionare hinzugehörten (zum Beispiel Barnabas 1. Kor. 9,6 und die beiden Röm. 16,7 genannten Apostel Andronikus und Junias). Der Name Apostel (Boten, Gesandte Jesu) sagt, daß die von ihnen überlieferte Erscheinung ebenfalls ihrer Sendung gegolten hat.

Es bleibt nun noch die in 1. Kor. 15,6 genannte Erscheinung zu besprechen: »Danach ist er über fünfhundert Brüdern auf einmal erschienen. Von ihnen ist die Mehrzahl noch jetzt am Leben; einige freilich sind schon entschlafen.« Daß Paulus hier – anders als bei den beiden Sätzen 1. Kor. 15,5 und 15,7 – nicht eine festgefügte Formel anführt, sondern irgendeine freier überlieferte Nachricht, zeigt schon der andere Stil des Satzes. Paulus bezieht sich darauf, daß die an dieser Erscheinung beteiligten Christen als solche bekannt und jederzeit als Zeugen befragbar seien. Es handelt sich also um einen bestimmten größeren Kreis namentlich hervorgehobener Christen. Einige Ausleger haben vermutet, es könne hier eine frühe Gestalt der Pfingstgeschichte Apg. 2 zugrunde liegen. Aber dort ist nicht von einer Erscheinung des Auferstandenen, sondern von einer wunderbaren Inspiration durch den Geist Gottes die Rede. Man wird darum eher daran zu denken haben, daß es sich um Anhänger Jesu handelt, die sich auf die Erscheinungen vor Petrus und den Zwölf hin zu einer nachösterlichen Jüngergemeinde Jesu neu zusammengefunden haben, die als ganze durch eine Erscheinung Jesu selbst zur endzeitlichen Heilsgemeinde Gottes erklärt worden war. Diese Gemeindeglieder des Anfangs hatten dann innerhalb der Jerusalemer Urgemeinde eine hervorgehobene Ehrenstellung – so kann Paulus voraussetzen, daß sie einzeln bekannt waren.

Fassen wir das Ergebnis der Untersuchung zu 1. Kor. 15,3-7 zusammen: 1. Paulus führt V. 3-5 ein katechismusartiges Überlieferungsstück im Wortlaut an, das in die älteste Zeit der Geschichte des Christentums zurückreicht. 2. Die einzelnen Aussagen dieses »Katechismus« scheinen an einer alten Passionsgeschichte orientiert zu sein, aus der der Abendmahls-, Bestattungs- und Osterbericht in ihrer grundlegenden Bedeutung im Rahmen der Heilsverkündigung hervorgehoben werden. 3. Die Erwähnung der Erscheinungen vor Petrus und den Zwölf stammt (wie noch zu zeigen sein wird) nicht aus dem Erzählungszusammenhang der Passionsgeschichte, sondern ist aus gesonderter Überlieferung hinzugewachsen. Hier geht es darum, die Autorität bestimmter, namentlich genannter Führer als durch eine Erscheinung des Auferstandenen übertragen herauszustellen und als »Legitimationsformeln« in der Überlieferung festzuhalten. Die Nennung der Erscheinung Jesu vor seinem Bruder Jakobus und vor dem Kreis von »allen Aposteln« (1. Kor. 15,7) ist von derselben Art. Nur die Erscheinung »vor über fünfhundert Brüdern« (1. Kor. 15,6) scheint nicht formelhaft-fest überliefert zu sein; Paulus spielt hier offenbar auf eine Jerusalemer Erzählung an.

b) Nachdem die Untersuchung von 1. Kor. 15,3-7 einen Einblick in die Überlieferungszusammenhänge der frühen Osterzeugnisse erbracht hat, muß nun der nächste Schritt getan werden mit der Frage: Wie hat Paulus die Auferstehung Jesu eigentlich verstanden? Welche Vorstellung verband er mit dem Wort Auferstehung, und welchen Sinn sah er in diesem Geschehen? Durchweg findet sich in seinen Briefen nur die knappe Formulierung der bloßen Tatsache: »Er ist auferweckt worden.« Was heißt das?

Als erstes muß herausgestellt werden: Paulus hat die Auferstehung Jesu als eine *Machttat Gottes* aufgefaßt. Er kann Gott geradezu definieren als den, der die Toten ins Leben zu rufen vermag, wie er im Anfang das All durch seinen machtvollen Zuruf aus dem Nichts erschaffen hat (Röm. 4,17). Das stimmt völlig überein mit dem jüdischen Gottesglauben: »Gepriesen bist du, Jahwe, der die Toten lebendig macht!« (18-Bitten-Gebet, 2. Lobpreis).

Alttestamentlicher Glaube weiß diese immer aktuelle Allmacht Gottes als den Grund aller bestehenden Wirklichkeit. Das gesamte All würde in nichts zerfallen, würde Gott ihm seine Schöpfermacht entziehen (vgl. Ps. 33,4.6.8 f.). Es ist Gottes beständige Güte, daß Menschen leben, Vögel ihr Futter finden, Blumen blühen (Matth. 6,25 ff.). Nichts von all dem ist selbstverständlich. Die alttestamentliche Frömmigkeit kennt keine in sich bestehende »Natur«, kein ewiges, unzerstörbares Weltall, keine ewige Wiederkehr alles Geschehenen nach unverbrüchlich funktionierenden Naturgesetzen. Die »Wirklichkeit« der Welt, in der Menschen leben, ist vielmehr durch Gottes machtvollen Willen gesetzt, der stets frei und aktuell waltet, mit dem man nicht rechnen, sondern auf den man sich verlassen muß. Darum ist grundsätzlich Vertrauen, Glaube die der Wirklichkeit entsprechende vernünftige Haltung. Die Welt ist zutiefst wunderbar, nicht nur an ihrem Rande, sondern vor allem in ihrer alltäglichen Mitte. Denn der Mensch verdankt sich und seine Welt Gottes Treue, der Beständigkeit seiner schöpferischen Güte, die Leben und Bestehen gewährt.

Auferweckung der Toten ist darum für jüdischen Glauben gar nicht etwas so schlechterdings Unerhörtes, des Unwirklichen Verdächtiges, wie viele von uns das heute empfinden und meinen. Zwar gehört Auferweckung der Toten natürlich auch für den Juden in den Bereich des alltäglich nicht Erfahrbaren; sie gehört zu dem, was man von Gott erhofft. Aber solche außerordentliche Hoffnung ist nur eine Konsequenz aus der alltäglichen Hoffnung. Wer sich in seinem Alltag grundsätzlich Vertrauen, Glaube die der Wirklichkeit entwohnt ist, wird ihm auch über die Grenzen alles bislang Erfahrenen hinaus vertrauen.

Auf diesem Hintergrund jüdischen Gottesglaubens ist die urchristliche Rede von der Auferweckung Jesu durch Gottes Machttat zu verstehen. Wir werden diesen Zusammenhang später noch ausführlicher zu bedenken haben und stellen hier nur kurz fest: Paulus hat die Auferstehung Jesu so verstanden, daß Gott mit seiner schöpferischen Kraft den toten Jesus aus seinem Grabe heraus zum Leben gerufen hat. Durchweg ist darum von der *Auferstehung* Jesu als von seiner *Auferweckung durch Gott* die Rede (vgl. Röm. 6,4; 8,11.34; 10,9; 1. Kor. 6,14; Eph. 1,20; 2. Tim. 2,8; Apg. 2,24; 3,15; 4,10; 5,30; 10,40; 13,30.37). Entsprechend richtet sich der Glaube grundsätzlich an *Gott*, nicht an den auferstandenen Christus als solchen (vgl. Röm. 4,24; 2. Kor. 1,9; 4,14; Gal. 1,1; 1. Thess. 1,10; 4,14 1. Petr. 1,21). Der jüdische Glaube an Gott, der die Toten auferwecken kann und wird, hat im Christentum eine letzte Verdichtung erfahren; er ist zum Glauben an Gott geworden, der *Jesus* von den Toten auferweckt *hat*. Die Auferweckung Jesu ist Gottes einzigartiger Machterweis.

So steht das Thema der Auferweckung Jesu in der Missionspredigt des Apostels im Rahmen eines Rufes zur Bekehrung zu *Gott*. Wir erfahren zwar aus den Briefen des Paulus im allgemeinen nicht viel darüber, was er in der Missionssituation selbst zu predigen pflegte. Aber an einer Stelle seines frühesten Briefes an die Gemeinde in Thessalonich sind immerhin die zentralen Themen, um die es in der ersten Missionsarbeit ging, kurz genannt. Paulus faßt sie in einem Rückblick auf die gerade zuvor erfolgte Gemeindegründung folgendermaßen zusammen: »Ihr habt euch zu Gott bekehrt, indem ihr euch von den Götzenbildern abgewandt und euch dem lebendigen, allein wahren Gott zugekehrt habt, und erwartet die Erscheinung seines Sohnes vom Himmel her, den er von den Toten auferweckt hat: Jesus, unseren Retter vor dem kommenden Zorngericht« (1. Thess. 1,9 f.). Dieser Gott, den Paulus den Nichtjuden verkündigt hat, ist der Gott der Juden. Was Paulus an dieser Stelle von ihm sagt, ist nichts anderes, als was das jüdische Glaubensbekenntnis sagt, das jeder Jude damals täglich betete: »Höre, Israel, der Herr unser Gott ist *ein* Herr. Und du sollst den Herrn, deinen Gott, lieben von ganzem Herzen, von ganzer Seele und mit all deiner Kraft« (5. Mose 6,4 f.). Wenn ein Nichtjude als Interessent für die jüdische Synagoge gewonnen worden war, so war das Erste und Grundlegende, was von ihm verlangt wurde, daß er sich diesem Bekenntnis anschließe und sich deshalb von aller sonstigen Götterverehrung lossage. Denn das erste Gebot lautet: »Ich bin der Herr, dein Gott, der ich dich aus dem Lande Ägypten, aus dem Sklavenhause herausgeführt habe: Du sollst keine anderen Götter neben mir haben« (5. Mose 5,6 f.).

Wie der Ruf zur Bekehrung, so stimmt aber auch alles Weitere, was Paulus den Heiden in Thessalonich gepredigt hat, mit dem jüdischen Gottesglauben überein. Wer dem einen Gott Israels vertraut und gehorcht, für dessen Wohl und Heil wird er besorgt sein; allen übrigen droht Unheil. Und der Jude vertraut darauf, daß sein Gott dem Treuen die Treue hält, ebenso aber auch den Treulosen bei seiner Untreue behaften wird. Darum erwartete er einen großen Gerichtstag Gottes in der Zukunft, an dem Gott endgültig alle Feinde und Treulosen ewiger Vernichtung anheimgeben, an allen Treugebliebenen dagegen sein Heilsversprechen ewig wahrmachen werde. So verbindet sich der Ruf zur Bekehrung zu dem Einen Gott mit der Warnung vor seinem bevorstehenden »Zorngericht«, durch das allein derjenige frei hindurchkommen werde, der sich jetzt zu ihm bekehre. Das haben die jüdischen Missionsprediger der Zeit nicht anders verkündigt als Paulus. Neu gegenüber der jüdischen Synagoge ist nur eines: die Verkündigung der Auferweckung Jesu durch Gottes Machttat. Im 2. Kapitel wird ausführlicher zu zeigen sein, daß man im Judentum erwartete: Wenn der große Gerichtstag Gottes über die Welt hereinbrechen werde, um *alle* Menschen ohne Ausnahme zu belangen, dann werde auch keiner der Toten ihm entzogen sein; Gott werde vielmehr die Toten aus ihren Gräbern auferwecken, um unter ihnen wie unter den Lebenden die Treulosen von den Treuen zu sichten und die einen zur ewigen Vernichtung, die anderen zum ewigen Heil zu bestimmen. Wenn nun die Christen verkündigten, Gott *habe* Jesus von den Toten auferweckt, so hieß das, daß Gott sein erwartetes endzeitliches Auferweckungshandeln an diesem Einen bereits vollzogen habe. Der Glaube an die geschehene Auferweckung Jesu besagt für jüdisches Denken: Gott hat seinem endzeitlichen Gerichtsspruch vorweg diesen Einen bereits als zu ihm gehörig erklärt und darum in das ewige, heilvolle Leben entrückt, das er allen Seinen zugedacht hat.

Die Funktion des Auferweckten ist die: Er steht jetzt bei Gott im Himmel bereit, um die Glaubenden vor Gottes Zorngericht zu erretten (1. Thess. 1,10). Darum sollen sich die, die sich zum Gehorsam gegen Gott bekehrt haben, zu diesem Jesus bekennen. Bei der Taufe der durch die Mission neu hinzugewonnenen Christen bekennen sich diese 1. zu Gott als dem, der Jesus von den Toten auferweckt hat, und darum 2. zu Jesus als dem »Herrn«, den Gott durch die Auferweckung eingesetzt hat: »Wenn du mit deinem Munde bekennst: ›Jesus ist der Herr‹ und in deinem Herzen glaubst: ›Gott hat ihn von den Toten auferweckt‹, wirst du gerettet werden« (Röm. 10,9).

Die Auferweckung Jesu wurde also nicht als ein Geschehen gepredigt, das Jesus für sich betroffen habe, sondern als ein Geschehen, in dem es zugleich um das endzeitliche Gottesverhältnis der Menschen, um ihr ewiges Heil oder Unheil geht. Durch seine Auferweckung ist Jesus in ein endzeitliches *Amt* eingesetzt worden: in das des Retters derer, die zu Gott gehören. Gott hat seitdem sein Heilshandeln am Ende der Zeit, das er seinen Getreuen zugesagt hat, auf den auferstandenen Jesus übertragen, der seitdem für sie ist, was Gott selbst für die Seinen ist: »der Herr«. Das christliche Bekenntnis zu Jesus, dem Herrn (Röm. 10,9), entspricht wörtlich dem Bekenntnis Israels zu Gott, dem/»Herrn« (5. Mose 6,4, s. o.). Der Auferstandene ist sozusagen der Mandatar, der bevollmächtigte Repräsentant Gottes. So besingt ihn ein Hymnus, der wahrscheinlich aus der Taufliturgie der paulinischen Gemeinden stammt:

»Darum hat Gott ihn hoch erhöht
und ihm den Namen verliehen, der jedem anderen
    Namen überlegen ist,
damit in dem Namen Jesu jedes Knie sich beuge,
der himmlischen, irdischen und unterirdischen Mächte,
und jede Zunge bekenne:
›Jesus Christus ist der Herr‹ –
zur Ehre Gottes des Vaters« (Phil. 2,9-11).

In diesem Hymnus wird ein großartiges, eindrückliches Bild enthüllt: eine Szene im Himmel, hoch droben im Machtbereich des Thrones Gottes, des Herrschers über alle anderen Mächte. Diese alle haben sich versammelt und stehen vor ihm, jede an ihrem Ort, gestaffelt nach ihrem überirdischen, irdischen oder unterirdischen Machtbereich. Darin entspricht die Vorstellung des christlichen Hymnus dem Weltbild des Alten Orients, nach dem die Erde eine Scheibe ist, über der sich die Machtbereiche der gottheitlichen Gestirnmächte befinden, die von droben her mittels der irdischen Herrscher und ihrer Heere ihre Macht auf Erden ausüben, während zugleich im Wasser unter der Erdscheibe die Urmächte hausen, gegen deren Widerstand einst die Erde gegründet wurde und die darum von jeher auf ihren Untergang sinnen. Ihnen allen an Macht überlegen, thront Gott in erhabener Höhe. Die räumliche Höhe entspricht der Überlegenheit seiner Macht über die aller sonstigen Herrscher. Und nun tritt Gott ein; an seiner Hand führt er Jesus, den er aus dem irdischen Tod an seine Seite erhoben hat, und verleiht ihm vor der Versammlung aller Weltmächte einen »Namen«. Dabei muß man sich vergegenwärtigen, daß im Altertum der Name eines Menschen, zumal der eines Herrschers, als ein machthaltiges Medium galt. Im Namen, den einer trägt, ist die Macht, über die er verfügt, gegenwärtig; er kann sie in jedem Wort, das er spricht, in jedem Befehl, den er erteilt, zur Wirkung bringen. In dem Namen also, den Gott dem Auferstandenen verliehen hat, hat er ihm seine Macht übertragen. »Der Name, der allen Namen überlegen ist«, ist ja einzig der Name Gottes, des Herrn. Darum fallen in diesem Augenblick der himmlischen Einsetzung Christi in das Herrscheramt Gottes alle Mächte des gesamten Kosmos vor dem so Ausgezeichneten nieder und huldigen ihm mit der Geste ihrer Unterwerfung, indem sie seinem Namen Anerkennung zollen: »Ja, Jesus Christus ist der Herr!«

Ähnlich schildert der Hebräerbrief die Einsetzung des Auferstandenen droben zur Rechten Gottes im Himmel (Hebr. 1,1 ff.): Gott führt ihn vor dem Chor der Engel ein mit den Worten des 2. Psalms: »Mein Sohn bist du: Heute habe ich dich gezeugt!« (Hebr. 1,5; vgl. 5,5). »Sohn« ist hier im Sinne einer Rechtsstellung gemeint, wie es im selben Brief später ausdrücklich ausgeführt wird: Der Sohn ist neben dem Vater der Herr über das gesamte Haus (Hebr. 3,6). Als der Sohn erbt Christus die Macht Gottes über das All (Hebr. 1,2), das heißt: Was der Hymnus im Philipperbrief durch den Gottesnamen »der Herr« zum Ausdruck bringt, wird hier als die Rechtsstellung des »Sohnes« beschrieben, der neben dem Vater steht und an der Macht des Vaters in dessen Auftrag teilhat.

Zum »Sohn« in diesem Sinne ist Jesus also durch seine Auferweckung *geworden*. Wir lernen hier die Christusanschauung der ältesten Zeit kennen, die von Jesus als dem Sohne Gottes nicht im Blick auf seine Geburt (Luk. 1,35), sondern im Blick auf seine Einsetzung als Mandatar Gottes droben zu Gottes rechter Hand gesprochen hat. Daß die Sohneswürde ursprünglich tatsächlich so gemeint war, zeigt noch deutlicher eine andere Stelle, an der Paulus wiederum älteste Überlieferung zitiert: Röm. 1,3 f. Es handelt sich um eine zweigliedrige Glaubensformel, die der Funktion Jesu während seiner irdischen Lebenszeit seine himmlische Funktion seit seiner Auferstehung gegenüberstellt:

»(Jesus Christus, unser Herr),
I. geboren aus Davids Geschlecht nach dem Fleisch,
II. eingesetzt in die Machtstellung des Sohnes Gottes nach dem Heiligen Geist aufgrund seiner Auferstehung von den Toten.«

Das heißt: Als Mensch auf Erden war Jesus der Messias aus Davids Geschlecht; durch seine Auferweckung ist er in die Machtstellung des Sohnes Gottes erhoben worden. Paulus selbst verwischt aber nun diese ursprüngliche Zuordnung der Aussagen, indem er sie von vornherein beide unter die Überschrift stellt: »Evangelium von seinem (Gottes) Sohn«. Denn für ihn ist Jesus bereits von Ewigkeit her Gottes Sohn und als solcher von Gott in sein menschliches Dasein hinabgesandt worden (vgl. Gal. 4,4; Röm. 8,3). Diese Anschauung einer *ewigen* Gottessohnschaft Jesu stößt sich im Text von Röm. 1,3 f. mit der älteren Anschauung in der von Paulus übernommenen Formel. Gerade an dieser Unstimmigkeit aber kann man das hohe Alter der Formel und ihrer Christologie erkennen, nach deren Anschauung Jesus durch seine Auferweckung zum Sohn Gottes eingesetzt worden ist. »Sohn Gottes« war hier zunächst eine Bezeichnung der Rechtsstellung und der ihr entsprechenden Macht.

Daraus ergibt sich eine überraschende Einsicht in das älteste Verständnis der Auferweckung Jesu als solcher: Nicht als Rückkehr Jesu nach seinem Kreuzestode in sein irdisches Leben, sondern als seine Erhebung in die *himmlische* Machtstellung des bevollmäch-

tigten »Sohnes« Gottes ist seine Auferweckung ursprünglich aufgefaßt worden! Was wir gewohnt sind zu unterscheiden: Jesu
Auferweckung und seine Himmelfahrt, das fiel nach der ältesten
Christologie in eins zusammen. Für sie war Jesu Auferweckung als
solche eine Erhebung in den Himmel zu Gottes rechter Hand. Und
nicht so sehr, daß er zum Leben gekommen sei, wird in der ältesten
Auferstehungsvorstellung hervorgehoben, sondern daß Gott den
Auferstandenen in die himmlische Machtstellung dessen erhoben
habe, der im zukünftigen Weltgericht das letzte Urteil über alle
Menschen und Mächte sprechen werde. Auferweckung und Sohneswürde, Herrenname und endzeitliche Retterfunktion gehören
unmittelbar zusammen, denn: Der Auferstandene und Gott gehören zusammen.

Darum verbindet sich der Glaube an Gott, der Jesus von den Toten
auferweckt hat, mit der Hoffnung auf den endzeitlichen Gewinn
ewigen, heilvollen Lebens für die Seinen. Denn wer im Glauben
dem Auferstandenen als dem »Herrn« zugehört, traut ihm, an dem
Gott seine schöpferische Kraft zur Totenauferweckung erwiesen
hat, die Verwirklichung seiner Heilszusage für die Seinen zu. Das
Sich-Anvertrauen im Glauben und das Heilszutrauen in der Hoffnung haben dieselbe Richtung: Sie schauen zum »Himmel« empor,
dorthin, wo nach dem Bilde des Taufhymnus Phil. 2,9-11 der
Auferstandene seine universale Herrschaft über alle Mächte ange-
treten hat. Allein von der Herrschaft dieses Einen hängt das eigene
endzeitliche Heil der Christen ab, die sich in der Taufe seinem
Namen unterstellt haben. So singt ein anderer Taufhymnus, der
im Eingang des 1. Petrusbriefes erhalten ist (1. Petr. 1,3-5); und
der Verfasser des Briefes führt seine Aussage fort, indem er von
der Bedeutung dieses Glaubens für die eigene Gegenwart spricht:
Mögen die Christen jetzt auch noch soviel Anfeindung von seiten
ihrer Umwelt erfahren, so daß ihr Glaube ihnen einstweilen nur
Leiden und Schmach einbringt, so wissen sie ihr Geschick gleichwohl sicher in den Händen Gottes, von dem sie angesichts der
Auferweckung Jesu wissen, daß seine Heilsmacht stärker ist als
selbst der Tod. Darum können Glaubende jubeln mitten im Leiden
(1. Petr. 1,6-9). Dasselbe sagt Paulus: »Wir jubeln aufgrund der
Hoffnung auf Gottes Herrlichkeit. Aber nicht allein das – wir
jubeln sogar in Bedrängnissen. Denn wir wissen: Bedrängnis bewirkt Geduld, Geduld aber Bewährung, Bewährung wiederum
Hoffnung: Und diese Hoffnung läßt nicht zuschanden werden!«

(Röm. 5,2-5). »Wer will die Auserwählten Gottes beschuldigen? Gott, der ihnen Recht schafft? Wer will sie verurteilen? Christus Jesus, der gestorben ist, nein mehr: der auferweckt ist, der zur Rechten Gottes seinen Platz hat und für uns eintritt? Wer will uns trennen von der Liebe Christi? Bedrängnis oder Angst oder Verfolgung oder Hunger oder Elend oder Gefahr oder Schwert? ... Denn ich bin gewiß: Nicht Tod und nicht Leben, keine Engel, keine Mächte, nicht Höhe und nicht Tiefe noch irgendeine andere Kreatur wird uns von Gottes Liebe zu trennen vermögen, die in Christus Jesus, unserem Herrn (zur Wirkung gekommen ist und kommt)« (Röm. 8,33-39).

Eine letzte, tragende Zuversicht zum Leben spricht sich hier aus, die sich gerade angesichts des Bedrohlichen, ohne das kein irdisches Dasein ist, bewährt. Sie gründet sich auf den Erweis der schöpferischen Macht der Treue Gottes in der Auferweckung Jesu: Wie Gott hier die Vernichtungsmacht des Todes überwunden habe, so werde er entgegen allen Vernichtungsmächten, die in der Welt am Werk sind, das Heil, das er seinen Auserwählten zugesagt habe, an ihnen verwirklichen.

In den bisher angeführten Aussagen erscheint der Tod Jesu nur als die durch Gott überwundene Unheilsmacht (vgl. 1. Kor. 15,26). Paulus hat nun versucht, die Aussage der Abendmahlsüberlieferung, die von der Sühnekraft des Todes Christi sprach (1. Kor. 11,24 f.; 15,3 s. o.), mit der Aussage von seiner Auferweckung als Gottes heilschaffendem Machterweis zusammen zu denken. Auch, und gerade im Kreuz Christi erkennt Paulus so einen *Macht*erweis Gottes: den Erweis seiner *Liebe*. Indem Christus, der Gerechte, den Tod, den die Sünder sich durch ihr Tun zugezogen haben, durch seine Tat auf sich genommen hat (2. Kor. 5,21), hat er sie geliebt (Gal. 2,20); denn »niemand hat größere Liebe als die, daß er sein Leben hingibt für seine Freunde« (Joh. 15,13). Liebe will sich für das Gute des Geliebten einsetzen auch um den Preis des eigenen Todes. Wenn das unter Menschen nur in seltenen Ausnahmefällen vorkommt (Röm. 5,7 f.) und nur so, daß es das Gute am Freunde ist, für das sie zu sterben bereit sind, so hat Christus, der Gerechte, sein Leben für Ungerechte, das heißt: für Gottes Feinde, hingegeben. Darin aber – so sucht Paulus die überlieferte Glaubensaussage zu durchdenken – hat Gott Christus, den Gerechten, das heißt: den zu Gott Gehörigen, nicht verlassen. Gott selbst hat sich vielmehr mit ihm identifiziert: Gott selbst war es, der seinen Sohn hat

Mensch werden lassen, um zur Sühnung der Sünden der Menschen zu sterben (Röm. 8,3). In Christi Tod ist darum zugleich Gottes Liebe zur Wirkung gekommen (Röm. 5,8). Gott hat darin die Treue zu seinen Getreuen zur Liebe zu den Treulosen vertieft. Ihr Böses wollte er durch die einzige Macht, die Böses zunichte zu machen vermag, ohne die Bösen zu vernichten, aufheben: durch die Macht der Liebe (Röm. 12,21). Seine Liebe wollte die Bösen von dem Bösen, dem sie durch ihr Tun verfallen waren, befreien. So hat Paulus das Kreuz Christi als das Geschehen verstanden, an dem Gott seine *Gerechtigkeit als Liebe* erwiesen habe (Röm. 3,21 ff.). Spricht er nun im Blick auf den so gedeuteten Kreuzestod Christi von Christi Auferweckung, so heißt das, daß er den *Machterweis* in Gottes Auferweckungstat als *Machterweis der Liebe* verstanden hat. Die Schöpferkraft Gottes, die sich in der Aufhebung des Todes Christi erwiesen hat, ist so nicht mehr einfach für sich gesehen, als purer Machterweis, sondern in ihrem Heilswillen als Liebe. Gottes *Allmacht* ist so als *Macht der Liebe* definiert.

Gleichwohl aber wird durch diese Beziehung auf das Kreuz der Charakter der Auferweckung Christi als Machterweis Gottes nicht etwa aufgehoben! Paulus will von der Liebe nicht letztlich nur verkündigen, daß sie sich opfert, sondern daß sie die Macht hat zu verwirklichen, was sie durch ihr Opfer ausrichten will. Seine Interpretation der Auferweckung Jesu vom Sinn seiner Kreuzigung her hat gar nichts Resignatives, als ob damit das Zunichtewerden einen religiösen Adel erhielte. Es ist vielmehr die *Liebe* des Gekreuzigten, die das Kreuz zum bleibenden Zeichen macht, durch das alles Christentum einschließlich des Auferstehungsglaubens gezeichnet ist. Eben darum aber gehört die Aussage vom Kreuz Christi mit der von seiner Auferweckung zusammen und bedarf ihrer. Denn in der Auferstehung Christi ist die Frage nach der *Macht* der Liebe des Gekreuzigten entschieden worden, ihren Heilswillen an den geliebten Menschen zu *verwirklichen*. Wie der Glaube an den Auferstandenen seines entscheidenden Kriteriums beraubt wäre, wenn es nicht ausdrücklich der Gekreuzigte wäre, von dessen Auferweckung die Rede ist, so wäre auch umgekehrt ein Glaube, der sich mitsamt der Auferstehungsaussage auf das Kreuz beschränkte, seiner Kraft beraubt; denn nur wer an den Auferstandenen glaubt, vermag im Kreuzestode Christi das Heil der Welt begründet zu sehen. Wirkliches Heil gibt es, christlich verstanden, durch keine andere Macht als die der Liebe. Aber wirkliches Heil kann es nur geben, weil durch Jesu Auferstehung der göttliche Erweis erbracht ist, daß die Liebe allmächtig ist. Macht ohne Liebe bringt Verderben; aber Liebe ohne Macht ist wirkungslos. Die Verkündigung von Christi Kreuzestod und Auferstehung ist der Sache nach die Verkündigung von der erwiesenen Macht der Liebe Gottes, die keinen einzigen Menschen der Vernichtungsmacht des Bösen überlassen, sondern alle Menschen vom Bösen freimachen und zum Guten in heilvollem Leben erretten will.

3. Die Auferstehungsberichte in den Evangelien

a) Markus, der älteste Evangelist, erzählt am Schluß der Leidensgeschichte Jesu folgendes: Nachdem Jesus am Kreuz gestorben ist, von keinem der Jünger, sondern lediglich einer Schar galiläischer Frauen, die ihm anhingen, umgeben (Mark. 15,40f.), spricht am Abend Joseph von Arimathia, ein Mitglied des Hohen Rates, bei Pilatus vor und ersucht, ihm den Leichnam Jesu auszuliefern. Pilatus wundert sich, daß Jesus bereits gestorben sein soll, und läßt sich von dem Hauptmann (15,39) berichten. Erst nachdem der den Tod bestätigt hat, gibt der Statthalter Joseph den Leichnam frei. Dieser kauft ein Linnen, geht zur Hinrichtungsstätte, nimmt den Leichnam Jesu vom Kreuzbalken ab, bestattet ihn in einem Felsengrab und verschließt dieses mit einem Stein (15,42-46). Zwei der zuvor genannten Frauen sehen, wo er bestattet wird (15,47).
Danach heißt es: »(1) Als der Sabbat vorüber war, kauften Maria Magdalena und Maria, die Frau des Jakobus, und Salome Salböle, um ihn einzubalsamieren. (2) Und ganz früh beim Morgengrauen des ersten Wochentages kommen sie zur Grabstätte, als eben die Sonne aufging. (3) Und sie sagten zueinander: ›Wer wird uns nur den Stein vom Grabeingang fortwälzen?‹ (4) Doch wie sie aufschauten, sahen sie, daß der Stein fortgewälzt war; denn er war sehr groß. (5) Da gingen sie in die Grabkammer hinein und sahen dort zur Rechten einen Jüngling sitzen, angetan mit einem weißen Gewand; und sie erschraken. (6) Er aber sagte zu ihnen: ›Erschreckt nicht! Ihr sucht Jesus von Nazareth, den Gekreuzigten? Er ist auferweckt worden, er ist nicht hier. Seht hier die Stätte, wo man ihn hingelegt hatte! (7) Doch geht nun hin und sagt seinen Jüngern und Petrus: Er geht euch voraus nach Galiläa, dort werdet ihr ihn sehen, wie er es euch gesagt hat!‹ (8) Da stürzten sie aus der

Grabkammer heraus und flohen davon; denn Schrecken und Entsetzen hatte sie gepackt. Und sie sagten niemandem etwas, denn sie fürchteten sich« (16,1-8).

Wir dürfen jetzt nicht den Fehler machen, diese Erzählung sogleich von unserem Blickpunkt aus zu betrachten, als hätten wir über einen Bericht aus unseren Tagen zu befinden. Vielmehr muß man sich zunächst auf den Standpunkt des Erzählers zu stellen versuchen, um wahrzunehmen, was er von sich aus betonen wollte. So gesehen, ist nun sofort eines deutlich: Das Ziel dieses ganzen Erzählungszusammenhanges ist die Botschaft des Engels, der die Auferweckung des Gekreuzigten verkündigt. Dem Spannungsbogen auf dieses Ziel zu fügt sich auch der Bericht von der Bestattung Jesu ein, dessen Mitte die kurze Beschreibung der Grablegung ist (15,46). Die zuvor erzählte Episode mit Pilatus (15,44 f.) hat in der ursprünglichen Fassung gefehlt; Matthäus und Lukas haben sie offenbar in ihrem Exemplar des Markusevangeliums noch nicht gelesen (vgl. Matth. 27,58 f.; Luk. 23,52 f.). Ursprünglich war am Anfang lediglich kurz angegeben worden, Joseph habe bei Pilatus um Freigabe des Leichnams Jesu zur Bestattung ersucht. Auf deren Ausführung liegt alles Gewicht. Bei der Schilderung (15,46) fällt aber auf, daß der Erzähler das Augenmerk ganz auf das Felsengrab mit dem Verschlußstein lenken möchte. Zwar zeigt die Erwähnung des Grablinnens, daß an eine ordentliche Bestattung gedacht ist; von einem hastigen Provisorium ist keine Rede. Aber nicht die Bestattung als solche ist es, die der Erzähler herausstellen möchte, sondern nur die Tatsache, daß die Grabstätte fest verschlossen gewesen ist. Und daraus kann man erkennen, daß hier schon die folgende Geschichte von der Engelsbotschaft in der geöffneten Grabkammer im Blick steht. Die ganze Erzählung von der Bestattung Jesu leitet zu ihr über und zielt auf sie. Dem dient auch die hinzugefügte Bemerkung über die Frauen (15,47): Sie sind Augenzeugen nicht des Vorganges der Bestattung, sondern der Lage der Grabstätte. So kann man sagen: Die Geschichte von der Bestattung Jesu will die Stätte der im folgenden erzählten Ostergeschichte beschreiben.

Diese wiederum markiert das Geschehen der Auferweckung, das der Engel verkündigt, indem sie den Blick auf die Veränderung lenkt, die der Grabstätte inzwischen widerfahren ist: Der Stein ist vom Eingang weggewälzt (16,4), der Leichnam Jesu »nicht da« (16,6). Man kann sich fragen, ob die ängstliche Besorgnis der

Frauen auf ihrem Gang zum Grabe, wer ihnen den schweren Stein vom Eingang wegwälzen werde (16,3 f.), nicht ein späterer Zuwachs sei, denn bei Matthäus und Lukas fehlt dieser Zug; ein Späterer mag ihn hinzugefügt haben, um den Kontrast zwischen dem von Menschenhand verschlossenen Grabe und seiner wunderbaren Öffnung durch Gottes Auferweckungstat zu unterstreichen. Auch daß die Frauen mit der Absicht, den Leichnam Jesu noch zu salben, zum Grabe gegangen seien (16,1), könnte in der Erzählung erst nachträglich hinzugefügt sein, um den Gang der Frauen konkret zu motivieren. Daß man im Grablegungsbericht die Erwähnung der Salbung des Toten vermißte, zeigt eine andere Geschichte, die schildert, wie Jesus vor Beginn seines Leidens von einer Frau mit einer großen Menge Salböl begossen worden sei und Jesus dies als Vorwegnahme seiner bevorstehenden Todessalbung gedeutet habe (Mark. 14,3-8). So mag auch die Absicht der Frauen, den Leichnam Jesu zu salben, am Eingang der Ostergeschichte Mark. 16,1 nachträglich hinzugewachsen sein. Matthäus und Lukas haben die Spannung zum Bestattungsbericht offenbar empfunden. Der erste spricht darum nur von dem Wunsch der Frauen, Jesus noch einmal zu »sehen« (Matth. 28,1). Lukas dagegen läßt die Frauen bereits am Abend der Bestattung die Salböle einkaufen und betont, wegen des Sabbatanbruchs hätten sie erst am Morgen des ersten Wochentages zum Grabe gehen können (Luk. 23,54 bis 24,1). Auf diese Weise läßt er den Anschein entstehen, daß die Salbung durch die Frauen zur Bestattung selbst hinzugehören soll und nur wegen der Einhaltung der gesetzlichen Sabbatruhe um einen Tag habe verzögert werden müssen. Man kann also vermuten, daß die markinische Ostergeschichte in ihrer ursprünglichen Fassung am Eingang wesentlich kürzer gewesen ist. Aber auch in ihrer vorliegenden aufgefüllten Gestalt zielt sie klar auf die Szene in der Grabkammer. Was die Frauen wollen und worum sie sich sorgen, wird ja in dem Augenblick unwichtig, in dem sie die Verkündigung des Engels mit dem außerordentlichen Wunder, das hier geschehen ist, konfrontiert. Diese Verkündigung ist der eigentliche Kern der Geschichte.

Nun steht in der Engelsbotschaft neben der Verkündigung der Auferweckung Jesu (16,6) die Weisung an die Frauen, die Jünger zur Begegnung mit ihm nach Galiläa zu beordern (16,7). Dabei beruft sich der Engel ausdrücklich auf das voranstehende Wort Jesu (14,28): »Nach meiner Auferweckung werde ich euch nach Galiläa

vorausgehen.« Es ist sehr verwunderlich, daß nach solcher Voran-
kündigung und dem nachdrücklichen Befehl des Engels gleichwohl
nichts von dieser Erscheinung vor den Jüngern in Galiläa erzählt
wird! Der Bericht des Markus bricht vielmehr mit dem Satz über
die erschrockene Flucht der Frauen vom Grabe (16,8) ab; und damit
endigt das Markusevangelium als Ganzes. Sollte in seiner ursprünglichen Fassung etwa die Szene in Galiläa noch erzählt
worden sein und den im vorliegenden Text nicht enthaltenen
Abschluß des Buches gebildet haben?

Das ist oft aufgrund von 14,28 und 16,7 vermutet worden. Aber
dann müßte man begründen können, warum dieser Schluß nachträglich weggebrochen worden sein soll. Die einen meinen: Das
Schlußstück der Buchrolle beziehungsweise das letzte Blatt des
Urexemplars könnte durch äußere Beschädigung abhanden gekommen sein. Aber das ist eine reine, durch keine Beobachtung gedeck-
te Vermutung, die überdies unwahrscheinlich ist, weil man kaum
wird annehmen können, jenes Mißgeschick sei fein säuberlich
gerade an der Stelle zwischen dem letzten fertigen Satz Mark. 16,8
und dem ersten der nächsten Szene eingetreten. Wenn eine Seite
abreißt, pflegt der Riß im allgemeinen mitten durch einen Satz, ja
mitten durch ein Wort hindurchzugehen. Andere vermuten darum, die Schlußszene in Galiläa sei absichtlich entfernt worden.
Aber die Begründungen, die dafür angeführt werden, sind alles
andere als stichhaltig; zum Beispiel: Man habe die Doppelung der
Orte Jerusalem-Galiläa vermeiden und alles Ostergeschehen ein-
heitlich auf Jerusalem konzentrieren wollen. In der Tat zeigt die
spätere Überlieferung bei Lukas und Johannes, daß man die Erscheinungen des Auferstandenen nach Jerusalem verlegt hat. Aber
warum sollte dann nicht bereits Markus oder sein späterer Bearbei-
ter ebenso verfahren sein, statt lediglich um der Ortsangabe willen
die ganze Geschichte wegzustreichen – eine Geschichte zudem, die
von den Jüngern handelt, die in der Szene am Grab doch so
ärgerlich fehlen! Für eine so einschneidende Operation hätten
wahrlich wichtigere, zwingendere Gründe vorliegen müssen!

Darum vermuten wieder andere Ausleger, die galiläische Erscheinungsgeschichte sei gestrichen worden, um die schändliche Flucht
der Jünger zu verdecken. Aber auch diese Absicht hätte Markus
viel überzeugender so zur Wirkung bringen können, wie Lukas
und Johannes es getan haben: Sie erzählen nämlich, daß die Frauen
ihr Erlebnis am Grabe sogleich den Jüngern berichtet hätten

und der Auferstandene ihnen dann selbst als ersten Zeugen erschienen sei. Im übrigen ist einzuwenden: Wer allein die schändliche Jüngerflucht hätte retuschieren wollen, hätte seinen Zweck auf jede andere Weise besser erfüllt als durch Streichung eben der Geschichte, die von den Jüngern handelte; denn so hätte er ja die Frage geradezu provoziert, wo denn im Zusammenhang der Ostergeschehnisse nun eigentlich die Jünger zu suchen seien. Die beiden nachdrücklichen Hinweise auf das Zusammentreffen der Jünger mit Jesus in Galiläa (14,28 und 16,7) erfüllen ja gerade den Zweck, auf die Jünger *hinzuweisen*! Wer die Erscheinung von ihnen hätte retuschieren wollen, hätte sie gewiß nicht stehen lassen, geschweige denn eigens hinzugefügt. Er hätte seinen Zweck überdies viel einfacher und wirkungsvoller erreichen können, indem er, statt all solcher Operationen an der Ostergeschichte den anstößigen Satz von der Jüngerflucht selbst (Mark. 14,50) gestrichen hätte – wie Lukas das getan hat (Luk. 22,53.54).

So bleibt nur noch ein letztes Argument, mit dem man den vermuteten Ersatz einer ursprünglichen Erscheinungsgeschichte durch die Geschichte vom leeren Grab zu begründen pflegt: Um jeden Zweifel an der Realität der Auferstehung Jesu auszuschließen, habe man am Schluß der Leidensgeschichte eine massivere Darstellung gebraucht, als es jene Geschichte gewesen sei, die eben nur von einer Erscheinung Jesu, nicht aber von seiner Auferstehung selbst berichtete. Der betonte Hinweis auf das leere Grab habe diesen Zweck in jeder Hinsicht besser erfüllt. Denn damit habe herausgestellt werden sollen, daß Jesus, der sein Grab verlassen habe, leibhaftig-wirklich auferstanden sei. Daß nun aber die Geschichte Mark. 16 diese Tendenz verfolgt, ist an ihrem Wortlaut keineswegs zu erkennen. Wohl dient der Hinweis des Engels auf das leere Grab V. 6 der Bekräftigung der Verkündigung seiner Auferstehung. Aber der Ton liegt darauf, daß der von den *Menschen* Gekreuzigte von *Gott* auferweckt worden (vgl. 9,31) und so »der Ort, da sie (!) ihn hingelegt haben«, nunmehr leer sei. Das leere Grab ist so eine Art Siegestrophäe Gottes gegenüber den Feinden Jesu, die bis zu seinem Tode ihre Macht gegen ihn zur Wirkung gebracht haben, damit aber auch an die Grenze ihrer Macht gekommen sind. Von der *leiblichen* Realität der Auferstehung Jesu als solcher verlautet dagegen nichts.

So spricht alles dafür, daß das Markusevangelium ursprünglich keine Schlußszene in Galiläa enthalten hat, weder im Anschluß an die Grabesgeschichte noch gar an ihrer Stelle. Wie aber ist dann zu erklären, warum Markus auf die galiläische Erscheinung zwar nachdrücklich hinweist, sie aber dann nicht erzählt? Nun, es gibt eine sehr einfache Erklärung: Markus hat eine ausgeführte *Erzählung* über diese Erscheinung noch gar nicht gekannt. Er wußte darüber nicht mehr als Paulus 1. Kor. 15,5, nämlich lediglich die Tatsache der Erscheinung als solche. Es ist ja oben dargelegt worden, daß in der ältesten Zeit von den Erscheinungen des Auferstandenen die Rede war, um bestimmte Personen in ihrer besonderen Autorität und Beauftragung durch Jesus selbst auszuweisen. Darum wurde nur die Tatsache der Erscheinung in einem kurzen Satz überliefert, weil in diesem Zusammenhang sie allein interessierte. Die Erscheinungen des Auferstandenen galten als Berufungen. Markus wußte von der Erscheinung vor den »Jüngern und Petrus« durch die gleiche überlieferte Nachricht, die Paulus 1. Kor. 15,5 anführt. Er fand in der ihm überlieferten Grabesgeschichte noch keinerlei Hinweis auf die Jünger. Er wollte aber die wichtige Kunde von der Erscheinung des Auferstandenen im Erzählungszusammenhang der Ostergeschichte nicht missen. So ließ er Jesus 14,28 bereits selbst darauf hinweisen und fügte entsprechend zu der Auferstehungsverkündigung des Engels 16,6 den Befehl an die Jünger 16,7 hinzu. Seine Leser konnten wie er selbst diese beiden Hinweise verstehen, denn die *Tatsache* der Erscheinung war ihnen ja bekannt. Erst bei den Nachfolgern des Markus stellte sich das Bedürfnis ein, den bloßen Hinweis durch eine Erzählung auszuführen. Matthäus hat das konsequent getan, indem er erzählt, die Frauen hätten über ihr Widerfahrnis nicht, wie bei Markus, geschwiegen, sondern den Jüngern erzählt (Matth. 28,8): Auf dem Wege zu ihnen sei ihnen der Auferstandene selbst erschienen und habe die Weisung an die Jünger bestätigt (Matth. 28,9 f.); und in der Schlußszene des Matthäusevangeliums erfüllt sich dann die Ankündigung: Jesus erscheint seinen elf Jüngern auf dem Berge in Galiläa, und sie »sehen« ihn (28,16-20).

Es ist wahrscheinlich erst Markus gewesen, der den Hinweis auf die galiläische Erscheinung des Auferstandenen vor seinen Jüngern Mark. 16,7 hinzugefügt hat. Dann wird freilich der Schluß seines Berichtes (V. 8) zum Problem: Warum gehorchen die Frauen dem Befehl des Engels nicht, sondern schweigen beharrlich über ihr Erlebnis am Grabe? Alle späteren Evangelisten haben diese Bemerkung ins Gegenteil verkehrt; sie erzählen alle, die Frauen seien zu den Jüngern geeilt und hätten ihnen das Vorgefallene berichtet. Matthäus fügt dabei sogar zu der Furcht der Frauen, von der Markus allein spricht, auch noch ihre »große Freude« hinzu (Matth. 28,8)!

Aber der Widerspruch zwischen dem Befehl des Engels Mark. 16,7 und seiner Nichtausführung, Mark. 16,8 wird so offensichtlich hart herausgestellt, daß darin eine bestimmte Absicht des Markus liegen muß. Sie ist erkennbar, wenn man das Markusevangelium als Ganzes kennt. Es fällt nämlich auf, daß Markus mehrfach erzählt, Jesus habe von den großen Wundertaten, in denen er die Heilsmacht Gottes zur Wirkung gebracht habe, im nachhinein verboten zu erzählen: »Sieh zu, sage niemand irgend etwas«, herrscht er einen Geheilten an (Mark. 1,44; vgl. noch 7,36). Vor allem aber besteht er darauf, die Erkenntnis des Petrus, daß er der Messias sei, dürfe nicht weiter verbreitet werden (Mark. 8,30); erst wenn er von den Toten auferstanden sei, dürften seine Jünger verkündigen, wer Jesus in Wahrheit sei (9,9). Die letzte Stelle zeigt, daß zwischen der Bemerkung vom Schweigen der Frauen, Mark. 16,8 und den Schweigegeboten Jesu ein Zusammenhang besteht. Eigentlich wäre ja nach der Auferstehungsverkündigung des Engels Mark. 16,6 jetzt der Augenblick gekommen, von dem an nach Mark. 9,9 öffentlich verkündigt werden darf, daß Jesus der Messias, der Sohn Gottes ist. Warum also tragen die Frauen die Botschaft des Engels nicht alsbald weiter? Nun, der Grund liegt offenbar darin, daß Markus nicht die Frauen, sondern die Jünger als die ersten Auferstehungszeugen herausstellen möchte. Und dies wiederum hängt, wie wir bereits gesehen haben, aufs engste mit der Überlieferung von der Erscheinung des Auferstandenen vor den Jüngern zusammen, die Markus 16,7 in den Erzählungszusammenhang der Grabesgeschichte eingebracht hat: Erst in der Erscheinung beauftragt und bevollmächtigt der Auferstandene sie zur Verkündigung. So deutet Markus am Schluß seines Buches an, wo die Erkenntnis, wer Jesus in Wahrheit sei, ihren legitimen Ursprung habe: nicht im Munde der Frauen, sondern in dem der Jünger. Die Frauen haben in ihrer Furcht die Botschaft des Engels nicht verstanden; so blieb die große Kunde noch verborgen. Erst durch die Erscheinung des Auferstandenen selbst ist sie offenbar geworden, und seine Jünger, Petrus an ihrer Spitze, sind es gewesen, die sie zuerst verkündigt haben!

Auch hier wiederum hat Matthäus ausgeführt, was Markus als

erster angedeutet hat. Die Erscheinung Jesu vor den elf Jüngern, die er am Schluß seines Buches berichtet (Matth. 28,16-20), ist nichts anderes als ihre Beauftragung zur Völkermission. Die Vorstellung stimmt völlig überein mit dem, was wir zuvor als die älteste Auffassung der Auferstehung Jesu erkannt haben: Durch seine Auferweckung hat Gott Jesus seine göttliche Macht übertragen; der Auferstandene ist der endzeitliche Bevollmächtigte Gottes (V. 18). In dieser Eigenschaft bestellt er in seiner Erscheinung seine Jünger zu seinen bevollmächtigten Sendboten auf Erden. Haben sie vor Ostern lediglich in den Dörfern und Städten Israels die Botschaft Jesu vom Reich Gottes und seine Forderung an seine Jünger zu verkündigen gehabt (so Matth. 10,5 ff.), so weitet sich jetzt der Radius der Mission weltweit: Alle Völker sollen für die Jüngerschaft Jesu gewonnen werden und nach seiner Lehre leben (V. 19).

So läßt sich erkennen, wie, von Markus begonnen und von Matthäus ausgeführt, die Überlieferung von der Erscheinung des Auferstandenen zur Bevollmächtigung und Beauftragung seiner Jünger mit der Geschichte von der Auferstehungsverkündigung des Engels im Grabe Jesu nachträglich verbunden worden ist. Vor Markus waren beide Überlieferungen getrennt und unabhängig voneinander: Auf der einen Seite gab es die Grabesgeschichte als österlichen Schluß der Passionsgeschichte, auf der anderen Seite die Kunde von Erscheinungen des Auferstandenen, durch die bestimmte Männer zu Führern der Jüngergemeinde Jesu und zur Mission in seinem Namen berufen worden waren. Markus hat als erster beide verschiedenen Osterüberlieferungen verknüpft, indem er den Engel über die Tatsache der Auferstehung Jesu (16,6) hinaus auch die erste Erscheinung des Auferstandenen von seinen Jüngern (16,7) ankündigen ließ. Er hat zugleich am Schluß angedeutet, daß noch nicht die Frauen, sondern allererst die Jünger das Schweigen über das wahre Wesen Jesu gebrochen und seine Auferstehung verkündigt hätten. Die Frauen hätten aus Furcht über ihre Erfahrung am Grabe geschwiegen (16,8 b). Die vormarkinische Geschichte dagegen war an der Osterpredigt nicht interessiert; ihr ging es ganz um die Auferstehungskunde als solche (16,6). So schloß sie, wie vielfach alttestamentliche Berichte über Begegnungen mit Gott oder seinem Engel schließen: Die unmittelbare Konfrontation mit dem Heiligen ist schrecklich. Zittern und Entsetzen packt darum die Frauen, und sie fliehen von der Stätte, an der sie dem Engel Gottes gegenübergestanden haben (16,8 a).

Daraus folgt nun aber ein Schluß, der für das Gesamturteil über die Überlieferungsgeschichte des Osterzeugnisses von großer Bedeutung ist: Die Geschichte vom leeren Grab hat bereits in der Überlieferung vor Markus als österliche Schlußgeschichte zum Passionsbericht hinzugehört. Es ist an dieser Stelle zur Information des Lesers freilich geboten, darauf hinzuweisen, daß dieses Urteil über die Grabesgeschichte in der gegenwärtigen Forschung keineswegs einhellig vertreten wird, sondern vielmehr sehr umstritten ist. Es gibt viele Exegeten, die sie als verhältnismäßig spät entstandene, apologetische Legende beurteilen, die die körperliche Realität der Auferstehung Jesu durch den Hinweis auf die leere Grabstätte unterstreichen solle. Ein Teil der dafür angeführten Gründe ist oben als unwahrscheinlich und darum unhaltbar abgewiesen worden. Doch für die Vermutung, daß die Grabesgeschichte erst nachträglich an der Stelle, an der sie im vorliegenden Markustext steht, hinzugefügt worden sei, werden noch andere Gründe ins Feld geführt, die nunmehr zu prüfen übrigbleibt. Sie betreffen die Verbindung der Grabesgeschichte mit dem voranstehenden Erzählungszusammenhang. Hier gibt es ein paar Beobachtungen an den Texten, die jene Verbindung als keineswegs organisch und glatt, sondern vielmehr als nachträgliches Flickwerk erscheinen lassen können.

Zunächst: Die Namen der Frauen stimmen an den drei Stellen, an denen sie genannt werden (15,40.47; 16,1), nicht überein; und vor allem: Der Satz 15,47 stößt sich mit dem unmittelbar folgenden Einleitungssatz zur Grabesgeschichte 16,1:

»Maria Magdalena aber und Maria, die Frau des Joseph, schauten zu, wo er hingelegt wurde.
Als aber der Sabbat um war, kauften Maria Magdalena, Maria, die Frau des Jakobus, und Salome Salböle ...«

Matthäus hat auch hier wiederum die Unstimmigkeit beseitigt, indem er an beiden Stellen lediglich von zwei Frauen spricht und die zweite »die andere Maria« nennt (Matth. 27,61; 18,1).
Viele Ausleger urteilen daraufhin so: 15,47 sei der Schluß der Bestattungsgeschichte, mit der ursprünglich die Passionsgeschichte Jesu geschlossen habe. Die Geschichte vom leeren Grabe sei ursprünglich eine selbständige Einzellegende gewesen. Erst ihre nachträgliche Anfügung an die Grablegungsgeschichte habe dazu geführt, daß die beiden Sätze über die Frauen so hart nebeneinan-

der zu stehen kamen. Daran könne man erkennen, daß 16,1 ff. im Erzählungszusammenhang der Passionsgeschichte nicht ursprünglich sei.

In der Tat kann man schwer erklären, wie bei einer organischen Entstehung des Erzählungszusammenhanges die so ungeschickte und umständliche Aufeinanderfolge dieser beiden Sätze zustande gekommen sein soll. Die Unstimmigkeit weist vielmehr, wie an vielen anderen ähnlichen Stellen des Neuen Testaments, offenbar darauf hin, daß hier etwas nachträglich an- oder eingefügt worden ist. Aber die eben vorgetragene Erklärung ist nicht die einzig mögliche. Man kann auch erwägen, ob nicht, statt der ganzen Geschichte vom leeren Grabe lediglich die Erwähnung der Frauen 16,1 später eingefügt sein könnte. Das legt sich durch folgende Beobachtung nahe: Zu Beginn der Bestattungsgeschichte 15,42 fällt die Zeitangabe aus dem Erzählungszusammenhang auffallend heraus: »Als es schon spät war, weil es der Rüsttag war, der Tag vor dem Sabbat ...« Durch diese Zeitangabe wird nicht nur im nebenhinein der Tod Jesu auf einen Freitag datiert, sondern damit auch die folgende Bestattung Jesu unter den Zeitdruck des anbrechenden Sabbat gestellt, an dem der fromme Jude keine Arbeit verrichten darf. In der Erzählung selbst ist dann freilich von irgendeiner Hast nichts zu spüren; die Datierung auf den Abend vor Sabbatanbruch in V. 42 ist also wahrscheinlich nachträglich eingefügt worden. Dieselbe Rücksicht auf die gesetzliche Sabbatruhe drückt sich auch in der betonten Bemerkung 16,1 aus: Erst als der Sabbat vorüber gewesen sei, das heißt nach jüdischer Rechnung: am Abend nach Sonnenuntergang, hätten die Frauen die Salben eingekauft. Das klingt, als sollten sie gegen den Verdacht, sie hätten mit dem Einkauf der Salben etwa die Sabbatruhe verletzt, geschützt werden. Und eben dies könnte die Absicht der nachträglichen Einfügung 16,1 gewesen sein. Ließe man sie nämlich probeweise einmal weg, so würde folgendes berichtet sein: Die Frauen sahen, wo Jesus bestattet worden war (15,47), kauften Salben ein, um ihn zu salben (16,1 b), und kamen dann frühmorgens am ersten Wochentag zum Grab (16,2). War im ursprünglichen Erzählungszusammenhang allein an dieser Stelle vom Tag nach dem Sabbat die Rede, so konnte es in der Tat den bösen Anschein haben, als sei durch das Voranstehende die Sabbatruhe verletzt worden! Also fügte man mit nachdrücklicher Versicherung, daß dies ausgeschlossen sei, eine neu einsetzende Einleitung hinzu, zu der man dann nunmehr eine konkurrierende Namensliste von drei Frauen benutzte (16,1a). So war das Geschehen nach Sabbatende vom Voranstehenden deutlich abgesetzt. Aus demselben Grunde betonte man durch die eingefügte Zeitangabe 15,42b, daß auch die Bestattung nicht etwa am Sabbat, sondern noch am Vortage stattgefunden habe – wenngleich dies wenig glaubhaft ist, wenn man nachzurechnen beginnt, wieviel Zeit von der Audienz bei Pilatus am Abend (15,42a) über den Kauf des Grablinnens bis zur Vollendung der Bestattung (15,46) hätte verstrichen sein müssen, viel zuviel, als daß die Bestattung noch vor Sabbatanbruch um 18 Uhr hätte vollendet sein können! Aber die Sorge, beidemal könnte die Sabbatruhe verletzt worden sein, hat wie so oft bei solchen nachträglichen Einfügungen nicht darauf achten lassen, daß die Zusätze nicht in den Erzählungszusammenhang paßten. Übrigens hat die Einfügung der gegenüber 15,47 verschiedenen Frauennamen in 16,1 eine kleine Retusche an der ersten Stelle, an der die Frauen erwähnt werden (15,40f.), nach sich gezogen: Indem hier die zweite Frau recht umständlich »Maria, die Frau Jakobus' des Kleinen und die Mutter des Joseph« genannt wird, sind die beiden verschiedenen Marien aus 15,47 und 16,1 miteinander ausgeglichen worden.

Unser Ergebnis: Durch die Konkurrenz der Frauennamen in 15,47 und 16,1 sind wir keineswegs genötigt anzunehmen, daß die Geschichte 16,1-8 erst nachträglich in den Erzählungszusammenhang der Passionsgeschichte eingeführt worden sei. Um so sicherer wird unser zuvor erarbeitetes Urteil, daß wir in ihrem Kern den ursprünglichen österlichen Schluß der Passionsgeschichte Jesu vor uns haben.

b) Eine weitere Bestätigung dieses Urteils ergibt sich schließlich aus dem Charakter und Gefälle der voranstehenden Passionsgeschichte. Sie schildert in eindrücklich nüchterner, karger Sprache, wie Jesus auf Betreiben der jüdischen Führer verhaftet, aufgrund falscher Zeugenaussagen angeklagt und wegen eines Messiasbekenntnisses zum Tode verurteilt, dem römischen Statthalter unter der Anklage messianischen Aufruhrs zur Aburteilung übergeben, von diesem zum Tode am Kreuz verurteilt, von der Soldateska gequält und verhöhnt, ans Kreuz geschlagen und, von allen Umstehenden verspottet und verhöhnt, gestorben sei. Jesus selbst ist von Anfang bis Schluß bewußt völlig passiv. Die Handelnden sind durchweg die jüdischen Führer. Seine Jünger versagen: Einer hat ihn verraten, einer verleugnet und verflucht ihn, allesamt fliehen sie, kaum daß er verhaftet ist. Dabei läßt die Erzählung von Anfang an keinerlei Zweifel daran, daß hier ein furchtbares Ende geschieht. Jesus ist nicht nur unschuldig, ein Opfer wütenden Massenhasses, sondern vor allem: Er ist der Messias, Gottes Sohn, dem dies Unrecht widerfährt! Er selbst bekennt sich sowohl vor dem obersten Gericht der Juden (Mark. 14,61 f.) als auch vor dem des römischen Statthalters (15,2) in aller Eindeutigkeit und Öffentlichkeit dazu. So ist es der Repräsentant Gottes unter den Menschen, der ihrem Unrecht ausgeliefert ist (vgl. 9,31). In völliger Isolierung steht er für die Sache Gottes ein. Und seine bewußt übernommene Passivität provoziert geradezu die Frage des Lesers, wo denn in diesem ganzen sich steigernden Unrechtsgeschehen Gott sei? »Mein Gott, mein Gott, warum hast du mich verlassen?« – so lautet das letzte Wort des Gekreuzigten (15,34 f.).

Die Passionsgeschichte enthält so eine ungeheure Spannung: *Gottes* Repräsentant – in der *Menschen* Hände (14,41)! Diese Spannung ist beabsichtigt, ja der Bericht ist geradezu so angelegt, daß diese Spannung sich Stufe um Stufe steigert. Dabei zeigt nun eine nähere Beobachtung, daß das ganze Passionsgeschehen dem Bilde des leidenden, nach Recht und Hilfe schreienden alttestamentlichen Gerechten entspricht, der in einer Gruppe von Psalmen zu Wort kommt. Bis in die einzelnen Stationen hinein zeigt sich diese Entsprechung. Der letzte Schrei Jesu ist der Beginn des 22. Psalms, aus dem auch andere Einzelzüge der Passionserzählung genommen sind (vgl. Mark. 15,24 mit Ps. 22,19; Mark. 15,29 mit Ps. 22,8 f.). Es würde den Rahmen dieser Untersuchung sprengen, wenn man alle derartigen Entsprechungen aufführen wollte. Der Leser wolle selbst vergleichen:

Mark. 14,1 mit Ps. 37,32; 54,5 und 86,14;
Mark. 14,18 mit Ps. 41,10 (vgl. Joh. 13,18);
Mark. 14,66 ff. mit Ps. 55,13-15;
Mark. 14,50 mit Ps. 38,12 (vgl. auch Mark. 15,40 f.);
Mark. 14,56 mit Ps. 27,12; 35,11; 109,1-5;
Mark. 14,60 f. mit Ps. 38,14-16; 39,10; Jes. 53,7.12 (vgl. Luk. 23,34);
Mark. 15,36 mit Ps. 69,22.

Die große Zahl derartiger Anspielungen auf die alttestamentlichen Leidenspsalmen zeigt deutlich, daß die Passionsgeschichte Jesu streckenweise völlig aus dem Alten Testament erzählt wird. Die Christen, die diesen Bericht gestalteten, haben offenbar im Leidensweg ihres Herrn das Geschick des paradigmatischen Gerechten aus den Psalmen erkannt. Allein so haben sie verstehen können, was Jesus an Schrecklichem widerfahren war. In diesem Verstehen ist aber auch ein Urteil über ihn selbst enthalten: Jesus ist der Gerechte Gottes; gerade in seinem Leiden gehörte er zu Gott und überließ darum vollauf ihm, was aus ihm werde. Was nach Ps. 22,9 seine Feinde triumphierend ausrufen: »Er warf es auf den Herrn – der möge ihm helfen; er rette ihn, denn er hat ja Gefallen an ihm!«, das ist – nur ins Positive gewendet – die Voraussetzung, unter der die ältesten Christen die Leidensgeschichte Jesu berichtet haben: Was die Gegner ihm angetan haben, haben sie Gott angetan. Daraus resultiert jene ungeheure Spannung, die die Passionsgeschichte durchzieht und sich von Station zu Station steigert, bis sie in dem letzten Schrei Jesu mit den Worten des Psalms ihren Höhepunkt erreicht.

Hat Gott seinen Gerechten verlassen? Ist es das, worauf der alte Passionsbericht hinaus will? Oder ist es zumindest diese Frage, die darin so massiv und brutal herausgearbeitet wird, daß sie den Christen aller Jahrhunderte brennend bleiben soll? Man kann im Sinne jener Christen der ältesten Zeit kein Jünger Jesu sein, wenn man nicht in ihm den Repräsentanten des Gottes Israel sieht und darum die Geschichte seiner Passion als eine Geschichte ungeheuren Frevels liest. Diesem Manne geschieht schreiendes Unrecht – wo bleibt da Gott?

Es gehört nun aber zum Charakter jener alttestamentlichen Leidenspsalmen, daß der ausweglosen Not der Klage des Gerechten der Lobpreis des Erretteten folgt (vgl. zum Beispiel Ps. 22,23 ff.; 69,31 ff.). Daß Gott selbst »gerecht« ist und seinen Gerechten hilft, sie aus der Hand ihrer Feinde errettet und sich nicht spotten läßt, das ist ein Grundmotiv israelitischen Glaubens und als solches die Voraussetzung aller überlieferten Klagegebete. Sucht man jedoch in der Passionsgeschichte nach diesen Heilsaussagen der Psalmen oder doch zumindest nach Motiven von Heilszuversicht, so sucht man vergebens. Das Geschehen rollt ab ohne jedes Zeichen göttlichen Eingreifens. Der Repräsentant Gottes ist ganz und gar der Willkür seiner Feinde ausgeliefert. Er ist von allen verlassen, ganz allein. Die Härte des Berichts ist ohne jede Milderung. Doch nirgendwo klingt ein Ton von Resignation oder Bitterkeit an. Durchweg ist der Bericht von der klaren, einfältigen Überzeugung bestimmt, daß Jesus zu Gott gehört, daß er als Gottes Repräsentant alles Leiden erträgt, ja daß es ihm nach Gottes Willen widerfährt. Die Erzählung von Jesu Gebet im Garten Gethsemane (Mark. 14,32 ff.) will nichts anderes als dies herausstellen: »Nicht wie ich, sondern wie du willst!« (Mark. 14,36). In seinem Leben erfüllt sich, was im Alten Testament über sein Geschick steht (Mark. 14,49): Er »muß« leiden (Mark. 8,31).

Wie erklärt sich diese innere Spannung zwischen der uneinge- schränkten Härte des berichteten Leidens und dieser sicheren, klaren Überzeugung vom göttlichen Recht Jesu? Die Antwort kann nur lauten: Die Christen, die vom Leidensweg ihres Herrn berich- teten, wußten von seiner Auferweckung. Eben darum fehlen alle Heilsmotive der Leidenspsalmen im Passionsbericht Jesu, weil die Gemeinde, in der und für die er erzählt wurde, in der Auferwek- kung Jesu die entscheidende, gesammelte Antwort Gottes auf das seinem Repräsentanten widerfahrene Unrecht sah: Indem Gott Jesus aus dem Tode, den seine Feinde über ihn brachten, aufer- weckt hat, hat er deren Unrechtstat aufgehoben. Der Tod ist die Grenze ihrer Macht über ihn. Sie konnten ihn töten – aber sie konnten ihn nicht vernichten! Denn Gottes Macht hat sich jenseits dieser Grenze an dem von ihnen Getöteten erwiesen. Seine Grab- stätte ist der Ausweis seines Triumphes über seine Feinde: »Der Ort, wo sie ihn hingelegt haben« (Mark. 16,6), ist leer.

Damit ist zugleich gesagt, daß die Ostergeschichte Mark. 16,1-8 im Erzählungszusammenhang der Passionsgeschichte eben diese Funktion hat: Sie markiert die Antwort Gottes auf das frevelhafte Tun der Menschen an seinem Repräsentanten und zugleich die Antwort auf die Frage nach Gott angesichts seines Leidens. Wo die Leidenspsalmen von der schließlichen Errettung des leidenden Gerechten durch Gottes Hilfe reden, da verkündigt am Ende der Leidensgeschichte Jesu, des Gerechten, der himmlische Bote Gottes seine Auferstehung als seine Errettung durch Gottes Machttat. Nun ist erwiesen, daß Jesu Bekenntnis vor dem Hohen Rat (Mark. 14,62) nicht Gotteslästerung, sondern Wahrheit ist: Jesus *ist* der Messias, der Sohn des lebendigen Gottes; seine Feinde werden ihn erst wiedersehen, wenn er zum letzten Gericht erscheinen wird (vgl. Mark. 13,26f.; Matth. 23,39). Das ist offenbar die Vorstellung, die in der Engelsverkündigung der ältesten Ostergeschichte (Mark. 16,6) mit seiner Auferweckung verbunden ist. »Jesus von Nazareth, den Gekreuzigten« sucht man im Grabe vergebens: »Er ist auferweckt, er ist nicht hier«, nicht »an dem Ort, da *sie* ihn hingelegt haben«, sondern bei *Gott*.

In diesem Sinne ist die Geschichte Mark. 16,1-8 in ihrer ursprünglichen Gestalt (V. 2-6.8a) der Schluß des alten Passionsberichtes, ein Schluß, den dieser seiner inneren Struktur und dem Gefälle der Erzählung nach notwendig fordert: nicht nur, weil es unerfindlich wäre, welche Funktion wohl ein reiner Passionsbericht, der ohne Erwähnung der Auferstehung Jesu mit seinem Tod geschlossen hätte, im religiösen Leben der überliefernden Gemeinde gehabt haben sollte; sondern vor allem auch, weil das Bild des leidenden Jesus dem Bilde des leidenden jüdischen Gerechten entspricht, zu dem es hinzugehört, daß Gott ihn aus allem Leid errettet. Wenn man aber so einen österlichen Schluß der Passionsgeschichte von Anfang an zu postulieren hat, dann ist kein anderer dafür anzusetzen als diese Grabesgeschichte, deren Analyse ja ergeben hat, daß sie der älteste erreichbare österliche Schluß des Passionsberichtes ist.

Schließlich muß aber noch betont werden: Sosehr die geschehene Auferstehung im Mittelpunkt der Geschichte steht, sowenig wird dies selbst geschildert. Sie ist vielmehr als geschehen vorausgesetzt. Und sosehr die Auferstehungsbotschaft des Engels zum Ziel hat, das Geschehen der Auferweckung Jesu als Gottes Tat zu verkündigen, durch die die Wirkung der Freveltat der Menschen aufgehoben worden ist, sowenig geht es ihm darum, die Auferstehung als »Tatsache« zu beweisen. Ein Auferstehungs*beweis* soll das leere Grab nicht sein, erst recht nicht eine Dokumentation der leiblichen Realität der Auferstehung Jesu. Vielmehr ist das leere Grab für den Erzähler ganz unbestritten und dient ihm gleichsam zur Siegestrophäe gegenüber denen, die Jesus umzubringen und zu vernichten trachteten.

c) Im Blick auf die späteren Ausgestaltungen der Ostergeschichte nach Markus müssen vor allem drei Hinzufügungen kurz erwähnt werden:

Der *erste* Zusatz stammt von Matthäus. Er hat in den markinischen Erzählungszusammenhang eine parallele, in sich geschlossene Geschichte eingeflochten, die er offenbar aus einer Sonderüberlieferung kannte (Matth. 27,62-66; 28,2-4. 11-15). Sie erzählt, daß die jüdischen Führer von Pilatus eine militärische Bewachung des Grabes Jesu gefordert und erhalten hätten, um seinen Jüngern alle Möglichkeiten zu nehmen, den Leichnam ihres Meisters zu stehlen und dann zu sagen, er sei auferstanden. Doch die Soldaten werden durch die Erscheinung des Engels am Ostermorgen zu Boden geworfen, so daß dieser ungehindert den Stein vom Eingang des Grabes wegwälzen und sich daraufsetzen kann. Nachdem alles vorbei ist, eilen die Soldaten zu den jüdischen Führern und melden den Vorfall, und diese bestechen sie, damit sie aussagen, die Jünger Jesu hätten, während sie eingenickt seien, heimlich seinen Leichnam gestohlen. Und so habe sich »bis zum heutigen Tage« diese Rede gehalten (28,15).

Von diesem letzten Satz her wird klar, worauf diese Erzählung von Anfang an (27,63 f.) zielt: Sie will einem bösen Gerücht von jüdischer Seite entgegentreten, die christliche Auferstehungsgeschichte beruhe auf einem schlimmen Betrug der Jünger. So leicht es für uns heute ist, darin die Erfindung naiv-massiver Polemik zu erkennen, so gefährlich mußte der Vorwurf den angegriffenen Christen damals erscheinen. So erklärt sich, daß sie es mit ihrer Erwiderung nicht anders machten und nun umgekehrt den jüdischen Führern ganz böse Hinterlist unterschoben. Polemik und Antipolemik haben es zu allen Zeiten an sich, die Unsinnigkeit der Argumente zu eskalieren. Interessant für uns ist lediglich, daß die jüdische Polemik das leere Grab als solches nicht bestritten, sondern aus der christlichen Überlieferung als gegeben vorausgesetzt hat. Daraus ist zu schließen, daß die Geschichte vom leeren Grab nicht erst seit Markus bekanntgeworden sein kann, sondern bereits geraume Zeit vorher zur christlichen Überlieferung fest hinzugehört haben muß. Wäre auch nur eine Spur davon erfindlich gewesen, daß es sich christlicherweise um eine gerade erst aufgekommene Erzählung gehandelt habe, so hätte sich die jüdische Polemik gewiß die Möglichkeit, den verhaßten Auferstehungsplan der Häretiker von daher aus den Angeln zu heben, nicht entgehen lassen. Dieselbe Geschichte ohne antijüdische Apologetik findet sich übrigens im apokryphen Petrusevangelium (Mitte des zweiten Jahrhunderts). Sie ist im einzelnen hier nur noch ungleich massiver, eine Art himmlisch-irdisches Drama, zu naivem Staunen des christlichen Fußvolkes mit naiver Lust am Schauder des Wunderbaren erzählt.

Eine *zweite* Erweiterung hat die Ostergeschichte im Lukas- und

Johannesevangelium erfahren. Hier wird berichtet, die drei Frauen hätten ihre Entdeckung sogleich den versammelten Jüngern berichtet, die es zunächst als wirres Frauengeschwätz abgetan hätten (Luk. 24,11). Immerhin sei aber Petrus dann doch zum Grabe gelaufen, habe in der geöffneten Grabkammer die Leichenbänder allein daliegen sehen und sei voller Staunen wieder zurückgekehrt (Luk. 24,12.24). Im Johannesevangelium ist dieselbe Erzählung nachträglich erweitert worden. Dort sind es zwei Jünger, Petrus und der ungenannte »Lieblingsjünger« Jesu, die um die Wette zum Grabe laufen. Der Lieblingsjünger kommt zuerst an, wartet aber auf Petrus, der zuerst in die Grabkammer hineingeht und Binden und Schweißtuch daliegen sieht. Nach ihm geht auch jener hinein »und sah und glaubte« (Joh. 20,1-8). Statt erschrockener Verwunderung (Luk.) ist hier Glaube die Reaktion auf die Entdeckung des leeren Grabes, worin sich freilich der Lieblingsjünger vor Petrus auszeichnet. Wahrscheinlich will der Evangelist in ihm den vollkommenen Jünger als Repräsentanten der späteren glaubenden Christenheit in die heilige Geschichte einzeichnen. In der Lukas wie Johannes vorliegenden Erzählung kommt es darauf an, das Zeugnis der Frauen durch das der Jünger zu bekräftigen (vgl. Luk. 24,24). Aber ihren Glauben bewirkt ihre Entdeckung nicht; im Gegenteil, die Erzählung baut geradezu einen Kontrast zwischen der objektiven Feststellung für den Aspekt des Lesers und dem baren Unverständnis der damals beteiligten Jünger auf. Beweiskraft hat ihre Entdeckung nur für die glaubende Gemeinde, für die die Geschichte erzählt wird.

Eine *dritte* Erweiterung schließlich hat die Grabesszene bei Matthäus und Johannes gefunden, indem dort von einer Erscheinung Jesu vor den Frauen auf ihrem Weg zu den Jüngern erzählt wird. Während jedoch bei Matthäus (28,9 f.) der Auferstandene nur erscheint, um die Weisung des Engels an die Jünger (V. 7) selbst zu bestätigen, zielt die Geschichte bei Johannes auf das Erlebnis Maria Magdalenas selbst: Sie steht weinend am Grabe, weil sie das leere Grab nur auf eine inzwischen geschehene Umbettung des Leichnams Jesu zurückzuführen weiß (Joh. 20,2). Sie klagt zuerst den beiden Engeln, die sie in der Grabkammer sitzen sieht, ihr Leid (V. 11-13) und fragt dann Jesus selbst, den sie für den Gärtner hält, nach dem Verbleib des Leichnams (V. 14 f.). Da ruft er sie bei ihrem Namen, und sie erkennt ihn und will ihm zu Füßen fallen (V. 16; vgl. Matth. 28,9). Doch er verwehrt ihr, ihn zu berühren, und trägt ihr auf, den Jüngern zu melden, daß er nunmehr zu seinem himmlischen Vater aufsteige (V. 17 f.). Dies viel erörterte, merkwürdige Verbot, den Auferstandenen zu berühren, ist sehr wahrscheinlich vom Evangelisten in die ihm vorgegebene Erscheinungsgeschichte eingefügt worden. Diese fand ihr Ziel in der Erkenntnis Jesu und der anbetenden Huldigung der Frauen. Nach dem Urteil des Johannes kommt diese dem Auferstandenen in diesem Augenblick noch nicht zu. Er befindet sich nämlich auf dem Wege zum Himmel, und erst als Verklärtem, Verherrlichtem ziemt ihm Anbetung und Verehrung der Seinen (vgl. 4,23 f.).

Es ist deutlich zu erkennen, daß diese Erscheinungserzählung an die Ostergeschichte vom leeren Grabe erst nachträglich angefügt worden ist und lediglich zur Bekräftigung der Auferstehungsverkündigung des Engels durch den Auferstandenen selbst dienen soll. Den Frauen wird nichts anderes aufgetragen, als die Botschaft den Jüngern weiterzugeben. Sie empfangen keinerlei besondere Offenbarung. Das ist erst in den späteren Evangelienschriften aus gnostisch-häretischen Kreisen der Fall. Dort erst wird die in der biblischen Überlieferung deutlich gewahrte Unterscheidung zwischen den Frauen und den Jüngern aufgehoben, und die Frauen werden sogar zu bevorzugten Empfängerinnen himmlischer Geheimnisse.

4. Die Erscheinungsberichte der Evangelien

a) Die Untersuchung der markinischen Ostergeschichte hat ergeben, daß diese vor Markus keinerlei Beziehung auf Erscheinungen des Auferstandenen enthalten hat. Der Engel war hier der vollgültige Verkündiger des Ostergeschehens. Erst Markus selbst hat mit dem Auftrag an die Jünger (Mark. 16,7) einen ersten Hinweis auf eine Fortsetzung des Ostergeschehens in einer Erscheinung vor »den Jüngern und Petrus« hinzugefügt und zugleich mit der Bemerkung über das Schweigen der Frauen (Mark. 16,8 b) diese gegenüber den Jüngern abgewertet. Indem Jesus ihnen erschienen ist, sind sie – nicht die Frauen – die legitimierten Verkündiger der Auferstehungsbotschaft geworden.

Matthäus hat diesen Hinweis ausgearbeitet. Er läßt den Auferstandenen in seiner Erscheinung vor den Frauen den Auftrag an seine Jünger bestätigen und berichtet darauf von dieser Erscheinung vor den Jüngern in Galiläa als dem eigentlichen Höhepunkt der Ostergeschichte (28,16 ff.). Die Szene hat zwei Teile. Zuerst wird kurz beschrieben, wie die elf Jünger nach Galiläa gehen und den Berg besteigen, zu dem Jesus sie beordert hat. Dort sehen sie ihn und fallen vor ihm nieder. Damit erfüllt sich die Ankündigung 28,7 und 10. »Doch einige zweifelten.« Damit ist ein Zögern aufgrund mangelnden Glaubens gemeint (vgl. Matth. 14,28-31). Solcher »Kleinglaube« wird noch nicht dadurch überwunden, daß die Jünger Jesus sehen, sondern erst durch den Auftrag, den er ihnen erteilt. So ist es die Rede des Auferstandenen, die als zweiter Teil die Mitte der Szene beherrscht (V. 18-20). Der erste Teil ist lediglich die Einleitung dazu.

Jesus stellt sich zuerst (V. 18) in der Position vor, die er als Auferstandener einnimmt: »Mir ist gegeben alle Macht im Himmel wie auf Erden.« Damit wird auf die Vision des »Menschensohnes« im Danielbuch angespielt: »Ich schaute in den Nachtgesichten, und siehe, mit den Wolken des Himmels kam einer, der einem Menschensohn glich, und gelangte bis zu dem Hochbetagten, und er wurde vor ihn geführt. Ihm wurde Macht verliehen und Ehre und Reich, daß die Völker aller Nationen und Zungen ihm dienten. Seine Macht ist eine ewige Macht, die niemals vergeht, und nimmer wird sein Reich zerstört« (Dan. 7,13 f.). So hat Matthäus die Selbstvorstellung Jesu verstanden: Als Auferstandener ist er von Gott in die Schlüsselposition der himmlischen Macht eingesetzt worden. Das ist dieselbe Vorstellung, wie sie auch in jenem vorpaulinischen Bekenntnisstück zu finden ist, das wir oben kurz ausgelegt haben (Röm. 1,4): »Aufgrund der Auferstehung von den Toten ist er in die Machtstellung des Sohnes Gottes eingesetzt worden.« Auch Matthäus hat also im Sinne der ältesten Christologie die Auferweckung Jesu als seine Enttäuschung in den Himmel und seine Einsetzung in eine unvergleichliche Machtstellung bei Gott aufgefaßt. In dieser himmlischen Würde erscheint er seinen Jüngern.

Aber diese Selbstvorstellung ist ihrerseits nur die Einleitung zu dem Auftrag, den er ihnen erteilt: Sie sollen in alle Welt ziehen und alle Völker in die Jesus-Jüngerschaft rufen, sie taufen und sie alles lehren, was Jesus sie gelehrt hat (V. 19 f.). Damit weist der Auferstandene seine Jünger als Missionare in eben die Verkündigungsaufgabe ein, die bisher er selbst innegehabt hat. Auf demselben Berg, auf dem er seine Lehre verkündigt hat (Matth. 5,1 ff.), bevollmächtigt er jetzt seine Jünger zur Verkündigung seiner

Lehre unter allen Völkern. Und wie sie hinfort ihn repräsentieren sollen, so sagt er ihnen seine bleibende Gegenwart zu »alle Tage bis zur Vollendung der Weltzeit« (V. 20).

Die Erscheinung Jesu ist also ein hoheitlicher Akt zur Sendung seiner Jünger. Auch darin stimmt Matthäus mit dem ältesten Verständnis der Erscheinung des Auferstandenen überein. Sein Bericht gehört somit in die frühere Phase der Geschichte der Erscheinungsüberlieferung.

b) Lukas und Johannes dagegen berichten, die Erscheinung Jesu vor seinen elf Jüngern habe nicht irgendwann nach dem Ostertag in Galiläa, sondern vielmehr am Abend des Ostertages in Jerusalem stattgefunden, wo sie sich in einem Hause verborgen gehalten hätten (Luk. 24,36-49; Joh. 20,19-23). So wird das gesamte Ostergeschehen zeitlich und örtlich zusammengelegt. Das ist deutlich ein Zeichen dafür, daß wir es hier mit einer etwas späteren Phase der Überlieferungsgeschichte zu tun haben, in der der Wunsch bestimmend wurde, einen Erzählungszusammenhang zu gewinnen, in dem auf die Engelserscheinung am leeren Grab vor den Frauen die Erscheinung Jesu selbst vor den elf Jüngern unmittelbar folgt.

Im Aufbau wie in einzelnen Formulierungen entsprechen sich beide Berichte, so daß anzunehmen ist, daß die beiden Evangelisten ein und dieselbe überlieferte Erzählung bearbeitet haben. Sie hat zwei Teile. Zuerst wird die Erscheinung als solche geschildert. Jesus tritt plötzlich in ihre Mitte und grüßt sie mit dem Schalom-Segen: »Friede sei mit euch!« Darauf weist er ihnen seine Hände und seine Seite vor (Joh. 20,20; Luk. 24,39 f.); an den Nägelmalen und der Seitenwunde (vgl. Joh. 19,34) sollen sie ihn als den Gekreuzigten erkennen. Während nun die Erkenntnis Jesu nach Johannes bewirkt, daß sie sich freuen (Joh. 20,20), ist ihre Reaktion nach Lukas Angst und Entsetzen. Sie meinen, einen Geist zu sehen (Luk. 24,37); und der Auferstandene hat alle Mühe, diese Irrmeinung in ihnen zu überwinden. Der erste Gegenbeweis sind seine Hände und Füße; »denn ein Geist hat nicht Fleisch und Knochen, wie ihr es hier an mir seht, daß ich es habe« (V. 39). Aber damit ist ihr Unglaube noch nicht gebrochen, sosehr andererseits staunende Freude sich in ihnen regt. Da verlangt er nach einem Stück gebratenen Fisch und ißt ihn vor ihren Augen (V. 42 f.). Nicht von einer Mahlzeit mit seinen Jüngern wird hier erzählt, sondern von einer Demonstration vor ihnen, die ihnen die Augen für den Auferstandenen öffnen soll.

Noch massiver ist dasselbe Zweifelsmotiv wiederum im Johannesevangelium ausgearbeitet. Thomas, der bei der Erscheinung Jesu nicht zugegen gewesen ist, steigert sich in seinen Urglauben so sehr hinein, daß er geradezu zur Bedingung erhebt: »Wenn ich nicht in seinen Händen das Mal von den Nägeln sehe und meinen Finger an die Stelle der Nägel lege und mit meiner Hand seine Seite berühre, werde ich nicht glauben« (Joh. 20,25). Da wiederholt Jesu acht Tage später seine Erscheinung, um auch diesen Verhärtetsten aller Ungläubigen davon zu überzeugen, daß es wirklich sein Meister ist, der ihm gegenübersteht. Da fällt er ihm zu Füßen: »Mein Herr und mein Gott!« (V. 26-28).

Zwar hat hier der Evangelist als Antwort Jesu auf dies Bekenntnis des im Urglauben überwundenen Zweiflers ein höchst kritisches Wort hinzugefügt: »Weil du mich gesehen hast, bist du zum Glauben gekommen? Selig sind, die, ohne zu sehen, zum Glauben kommen!« (V. 29). Das heißt: So handgreiflich wie Thomas wird von nun an keinem mehr zum Glauben verholfen. In der Kirche nach Ostern wird es vielmehr so sein, daß Jesu Jünger an ihn glauben, ohne ihn gesehen zu haben; und solcher Glaube ist allererst wahrer Glaube, wie zuvor nicht diejenigen zum Glauben kamen, die sich durch Jesu Wunder zum Glauben an ihn bewegen ließen, sondern die, die in ihm den Gesandten Gottes erkannten, »der Worte ewigen Lebens hat«, als die wahren Glaubenden hervortreten (6,68 f.); denn in der nachösterlichen Kirche wird kein Christ Jesus sehen können. Wahrer Glaube wird sich aber bleibend an dem Bekenntnis zu Jesus als dem Sohn Gottes entscheiden (20,31). Zwar ist es auch nach dem Johannesevangelisten Jesus von Nazareth, an dessen Bild in seiner irdisch-menschlichen Erscheinung der Glaube maßnimmt. Aber in Jesus sieht er den Sohn Gottes, der mit Gott, seinem Vater, eines ist (10,30 vgl. 14,9 f.; 17,20 f.); und was er von Jesus bewahrt, sind seine Worte (14,21 bis 24). Darum hat der Evangelist das Verbot Jesu an Maria Magdalena, vor seiner irdischen Erscheinung niederzufallen und ihn zu berühren, in die ihm überlieferte Erscheinungsgeschichte eingefügt (20,17). Das kritische Schlußwort an Thomas (20,19) hat dieselbe Zielrichtung. An beiden Stellen hat der Evangelist die ihm vorgegebene Überlieferung kritisch interpretiert. War sie daran interessiert, so massiv und unwidersprechlich wie nur irgend möglich herauszustellen, daß der auferstandene Jesus wirklich und leibhaftig Jesus sei, so hat Johannes diese Aussage als solche keineswegs etwa getilgt, wohl aber einseitig auf die leibhaftige Erscheinung Jesu festgelegtes Interesse korrigiert: Daß in Jesus Gottes Sohn »im Fleisch erschienen« ist, ist zwar eine wesentliche und unaufgebbare Voraussetzung des Glaubens an ihn; und wo diese in Frage gestellt wird, muß gekämpft werden (1. Joh. 4,2 f.); denn daran, daß »das Wort Fleisch geworden ist« (Joh. 1,14, vgl. 1. Joh. 1,1-4), hängt die Möglichkeit, daß die Menschen Gottes Wort aus dem Munde seines Gesandten hören können (1,18). Doch das Entscheidende am Glauben ist nicht dies, sondern seine Herkunft von Gott, seine Vollmacht von Gott und seine Rückkehr zu Gott, kurz: seine Einheit mit Gott. Das Bekenntnis des Thomas: »Mein Herr und mein Gott« spricht das Richtige aus – aber seine Wahrheit tritt allererst voll zutage, wo solche Jünger Jesu dieses Bekenntnis aussprechen und weitersagen, die den Auferstandenen in seiner leibhaftigen Erscheinung nicht gesehen haben.

In der vorjohanneischen Überlieferung jedoch erscheint der Auferstandene, um den Zweifel seiner Jünger an seiner Identität zu überwinden und vor ihnen den Erweis zu erbringen, daß er wirklich und leibhaftig ihr Meister, der Gekreuzigte ist. Man kann beobachten, wie dieses Motiv in der Überlieferung immer stärker zur Geltung gekommen ist. Bei Matthäus erscheint der Zweifel »einiger« nur ganz am Rande. Bei Lukas beherrscht der Identitätsbeweis bereits die Mitte der Szene. Bei Johannes schließlich ist er zu einer eigenen Szene ausgestaltet, die zum Höhepunkt der ganzen Erscheinungsgeschichte wird.

Gleichwohl ist in dieser Entwicklung das ursprüngliche Sendungsmotiv (Matth. 28,18-20) nicht verlorengegangen. Sowohl bei Lukas als auch bei Johannes ist es zu einer zweiten Szene geworden: Nachdem der Zweifel beseitigt ist, beruft der Auferstandene seine im Glauben überzeugten Jünger zur Mission (Luk. 24,44-49; Joh. 20,21-23). Dabei stellt jeder Evangelist einen besonderen Gesichtspunkt heraus. Bei Lukas ist die Voraussetzung zur Missionsverkündigung, daß den Jüngern die Augen geöffnet werden, um das Alte Testament als Christusprophetie zu verstehen (24,44 f.). Und als machtvolle Hilfe zur Verkündigung sagt der Auferstandene ihnen den Geist Gottes zu (24,49). Ähnlich folgt auch im Johannesevangelium auf die Sendung der Jünger (20,21) ihre Ausrüstung mit dem Gottesgeist (20,22). Ihre Sendung durch Jesus entspricht der Sendung Jesu durch Gott. Der Geist aber wird nicht verheißen, sondern an Ort und Stelle den Jüngern übertragen; und er dient ihnen nicht als Hilfe zur Verkündigung, sondern bevollmächtigt sie zu letztgültigem Entscheid über die Menschen: »Wem ihr die Sünden vergebt, denen sind sie vergeben; und wem ihr sie belaßt, denen sind sie belassen« (20,23). Das ist noch nicht (wie Matth. 18,18) im Sinne innerkirchlicher Entscheidungskompetenz in Angelegenheiten der Kirchenzucht gemeint, sondern soll als die in der Rede wirksame Kraft verstanden werden, unter den Hörern eine letztgültige Scheidung herbeizuführen, wie sich zuvor an Jesu Wort die Glaubenden von den Nichtglaubenden geschieden haben (vgl. 3,17ff.; 5,22ff.; 9,39). Diesen Sinn hat ursprünglich auch das Wort an Petrus (Matth. 16,16).

c) In der Überlieferungsgeschichte beherrscht das Sendungsmotiv ursprünglich die Erscheinung als ganze. Das Motiv des Identitätsnachweises tritt erst nachträglich hinzu. Was ist der Grund für das Aufkommen und rasche Anwachsen des Interesses an der Erscheinung als solcher? Man vermutet häufig, in dieser Entwicklung hätten sich theologische Kämpfe der frühen Kirche niedergeschlagen; es habe »gnostische« Kreise gegeben, die an der leibhaftigen Realität der Erscheinungen Jesu massive Zweifel geäußert hätten, und ihnen sei man durch die entsprechend massive Gestaltung der Erscheinungsgeschichten zu Identitätserweisen des Auferstandenen begegnet. Doch man muß mit solchen Vermutungen vorsichtig sein. Die einzige Stelle im Neuen Testament, wo solcherart christologische Auseinandersetzungen klar bezeugt sind, ist der 1. Johannesbrief (4,1ff.); und dort ist nicht die Erscheinung des Auferstandenen, sondern überhaupt die Erscheinung des irdischen Jesus umstritten. Innerhalb der Erscheinungsgeschichten selbst zeigt sich höchstens im Lukasevangelium ein vielleicht polemisches christologisches Interesse. Wenn nämlich dort der Auferstandene ausdrücklich betont, daß er kein Geist sei, wie die Jünger wähnen (Luk. 24,39; vgl. 24,36), so könnte damit ein entsprechendes Verständnis der Erscheinung Jesu abgewehrt werden sollen, als handle es sich um die unkörperliche Erscheinung eines reinen Geisteswesens. Darauf hätte der antignostische Teil der Kirche, der die Leiblichkeit des Auferstandenen gegen alle anderslautenden Interpretationen verteidigte, geantwortet: nein, nicht ein leiblosspirituelles Wesen sei der auferstandene Jesus, an den sie glauben, sondern der »Fleisch gewordene« Gottessohn (Joh. 1,14).

Aber sicher ist diese Auslegung nicht. Viel näher liegt es, die Stelle ähnlich zu erklären wie die Geschichte von der wunderbaren Erscheinung Jesu auf dem galiläischen See Mark. 6,45 ff. Dort wird erzählt, Jesus sei, über das nächtliche Meer schreitend, seinen vom Sturm bedrängten Jüngern zu Hilfe geeilt: »Wie sie ihn auf dem Wasser gehen sahen, meinten sie, es sei ein Gespenst, und schrien auf. Denn sie sahen ihn alle und waren verwirrt. Er aber sprach sie sogleich an: Habt guten Mut! Ich bin's! Fürchtet euch nicht!« (V. 49 f.). Die Angstvorstellung der Jünger dort, sie hätten es mit einer bloßen Erscheinung, einem »Phantasma«, zu tun, entspricht der Meinung der von Schrecken und Angst gepackten Jünger im lukanischen Erscheinungsbericht, er sei »ein Geist«. Und wie in der markinischen Geschichte die Angstvorstellung der Jünger durch Jesus selbst überwunden wird, so verfolgt der Auferstandene bei Lukas eben dasselbe Ziel: »Ich bin's – erschreckt nicht!« Das ist auch der Sinn dessen, was der Auferstandene tut, indem er ihnen seine Hände und Füße vorweist und ein Stück gebratenen Fisch ißt. Die Wirklichkeit der Identität Jesu ist es allein, die der Erzähler hier wie dort herausstellen will. Bei Markus bewirkt sie, daß die Angst der Jünger weicht; bei Lukas, daß der Auferstandene ihnen den Sendungsauftrag geben kann. Die Schreckvorstellung der Jünger dient hier wie dort dem Kontrast zur tatsächlichen Erscheinung Jesu selbst, die dadurch in den Lichtkegel der Erzählung rückt. Es ist also wahrscheinlich kein polemisches Interesse gegenüber einer häretischen Christologie, sondern einfach das starke positive Interesse an der Identität des Auferstandenen in seiner Erscheinung mit Jesus, dem Lehrer und Herrn seiner Jünger, das sich in jener späteren Phase der Überlieferung der Erscheinungsgeschichten auswirkt.

Das läßt sich besonders eindrücklich an der Erzählung von der Erscheinung Jesu vor den beiden Jüngern auf dem Wege nach Emmaus erkennen, die Lukas in seine Ostergeschichte eingeflochten hat (Luk. 24,13-35). Sie ist zweifellos die erzählerisch schönste aller Ostergeschichten.

So geschlossen, dicht und klar sie jedoch ist, so deutlich läßt sich nun doch erkennen, daß sie in mehreren Schichten gewachsen ist. Den ältesten Kern bildet vermutlich die Mahlszene V. 28-31, wozu als Einleitung V.13 und 15 b gehörte: Auf dem Wege von Jerusalem nach Emmaus begegnen zwei Jünger Jesus als unbekanntem

Wanderer. Bei ihrer Ankunft abends im Dorf laden sie ihn zu sich ein, und beim Mahl erkennen sie ihn plötzlich daran, daß er das Brot nimmt, den Segen spricht, es bricht und ihnen austeilt. Kaum aber haben sie ihn erkannt, verschwindet er. Jetzt begreifen sie, warum ihr Herz während der Wanderung so sehr brannte (V. 32a). Sofort kehren sie nach Jerusalem zurück und berichten dort, was ihnen widerfahren ist (V. 33a.35).

In dieser Urgestalt steht die plötzlich geschenkte Erkenntnis Jesu im Mittelpunkt. Dazu bildet die lange gemeinsame Wanderung mit ihm als unerkanntem Fremden den sehr wirksamen Kontrast. Das Erkennen ist ein *Wieder*erkennen. Daran, daß der Fremde beim Mahl die Rolle des Hausvaters übernimmt, fällt es ihnen wie Schuppen von den Augen: Der Fremde ist Jesus; er handelt jetzt mit uns, wie er immer zuvor im Jüngerkreis gehandelt hat! Nur darauf, wie diese Erkenntnis sich einstellt, kommt es der Erzählung an. Darum verschwindet Jesus in dem Augenblick, in dem die Jünger ihn erkennen. Mehr brauchen sie nicht. Sein Verschwinden löst so auch keinerlei Unruhe oder Bedauern bei ihnen aus. Sie eilen vielmehr nach Jerusalem zurück, um dort zu berichten.

Die Ortsangaben gehören zu dieser alten Erzählung hinzu. Es läßt sich zwar nicht sicher ausmachen, welcher Ort mit dem Namen Emmaus gemeint ist. Es gibt nämlich zwei Orte dieses Namens, 1. das heutige 'Amwas, 23 km nordwestlich von Jerusalem; dort hat die gesamte altkirchliche Tradition das biblische Emmaus gesehen; und 2. das heutige Colonije, 6 km nordwestlich von Jerusalem gelegen. Mit der Entfernungsangabe Luk. 24,13 stimmen beide Orte nicht überein. Aber das besagt nicht viel. Wahrscheinlich hat die altkirchliche Überlieferung recht. 'Amwas liegt zwischen Jerusalem und Lydda; und in Lydda und Joppe hat es später christliche Gemeinden gegeben (Apg. 9,32ff.). Man kann vermuten, daß die Emmausgeschichte eine alte Ortstradition der dortigen christlichen Gemeinde ist. Man nahm dort für sich in Anspruch, jene Erscheinung Jesu beim Mahl sei der Ursprung der eigenen Gemeinde gewesen. In diesem Sinne gehört auch die Rückkehr nach Jerusalem zur alten Geschichte hinzu: Indem die beiden Jünger in der Metropole berichten, steigt die Bedeutung der Emmauschristen. Freilich, die spätere Überlieferung hat den Primat Jerusalems betont, indem sie mit der Mitteilung der Jerusalemer an die heimkehrenden Emmausjünger V. 34 die Erscheinung vor Petrus als *Erst*erscheinung sicherstellt (vgl. 1. Kor. 15,5: Mark. 16,7).

Die alte Erzählung ist vor allem durch das lange Weggespräch V. 17-27 nachträglich aufgefüllt worden. Hier wird nun der Kontrast zwischen der Gegenwart Jesu und der Blindheit der beiden Jünger, die ihn nicht erkennen, erheblich gesteigert. Die Jünger sind durch das Leidensgeschick Jesu zutiefst betroffen; sie sehen in seinem Tod die Hoffnung auf ihn als Propheten der Endzeit, der Israel erlösen soll, zusammengebrochen. Auch die Ereignisse am leeren Grabe Jesu gehören für ihre Sicht zur Katastrophe hinzu. Jesus zeigt ihnen daraufhin zunächst ausführlich auf, daß sein Passionsgeschick der Weissagung des Alten Testaments entspreche. Die Öffnung ihrer Augen für die Messiasweissagung der *Schrift* (V.32) bereitet so die Öffnung der Augen zur Erkenntnis *seiner selbst* (V.31) vor. An diesem verschiedenen Bezug desselben Stichwortes der »Öffnung« kann man erkennen, daß das Gespräch während der Wanderung von Lukas eingefügt ist. Um »Öffnung der Schriften« geht es ja auch in der Rede des Auferstandenen an die elf Jünger (24,44-46). Auch in den von Lukas gestalteten Predigten der Apostel in der Apostelgeschichte (2,22 ff.; 3,13 ff.; 10,37 ff.; 13,23 ff.) wird die Passions- und Ostergeschichte Jesu als Erfüllung prophetischer Weissagung in der »Schrift« herausgestellt.

Die vorlukanische Erzählung dagegen hatte in der wunderbar eröffneten Erkenntnis der Identität des Auferstandenen mit dem vorösterlichen Herrn seiner Jünger ihr Ziel. In ihr haben wir die ursprüngliche Gestalt jenes Motivs vor uns, das in der Überlieferung der Erscheinung vor den elf Jüngern später hinzugewachsen ist! Geht es aber dort um ausdrückliche *Beweise* seiner Identität, so ist die Emmauserzählung noch durch ein ganz einfältiges, staunendes *Gewahren* der wunderbaren Gegenwart Jesu beim Mahl geprägt. Wie er als der Irdische das gemeinsame Mahl eröffnet hat, so tut er es auch hier als der Auferstandene; daran erkennen sie ihn. Damit erscheint die nachösterliche Gemeindemahlzeit als durch ihn selbst, den Auferstandenen, begründet. Er hat sich seinen Jüngern als gegenwärtig gezeigt – von daher weiß sich die Gemeinde in ihrer Mahlfeier als von ihm besucht.

Eine ähnliche Atmosphäre hat auch die Erscheinungsgeschichte, die sich in einem späteren Anhang zum Johannesevangelium findet (Joh. 21,1-14). Petrus und sechs andere Jünger fahren auf den See Genezareth zum Fischen aus, fangen aber die ganze Nacht über nichts. In der Morgendämmerung sehen sie Jesus am Strand stehen, ohne ihn zu erkennen. Er ruft sie an, ob sie etwas zu essen haben. Das verneinen sie. Da weist er sie an, das Netz auf der rechten Seite auszuwerfen, und nun fangen sie eine große Menge Fische. Der ungenannte Lieblingsjünger Jesu, dem wir schon in der johanneischen Grabesgeschichte begegnet sind, weiß, daß es Jesus ist, und sagt es Petrus. Der springt ins Meer; die andern folgen mit dem Boot und dem übervollen Netz. Am Ufer finden sie ein Holzfeuer gelegt, auf dem Fische gebraten werden, und Brot. Auf Befehl Jesu schleppt Petrus das Netz mit den frisch gefangenen Fischen vom Strand herauf, einhundertdreiundfünfzig an der Zahl. Nun lädt Jesus zum Mahl. Aber niemand wagt es, ihn zu fragen, wer er sei, weil es alle wissen. Und Jesus nimmt das Brot und reicht es ihnen und ebenso den Fisch.

Diese Geschichte ist literarisch spät; überlieferungsgeschichtlich dagegen zeigt sie in sehr interessanter Weise ein Zusammenwachsen von Motiven aus älterer und jüngerer Überlieferung. Betrachtet man V. 1-14 für sich, so zeigt die Geschichte eine gewisse Ähnlichkeit mit der Emmausgeschichte. In der Mitte steht die Erkenntnis Jesu, der zunächst unerkannt aufgetreten ist. Doch sie stellt sich gleichsam in verschiedenen Phasen ein: Als erster weiß es der Lieblingsjünger; durch ihn erfährt es Petrus; und beim Mahl am Ufer wissen es alle – aber es ist und bleibt ein geheimnisumwittertes Wissen, das nicht Lösung und Freude, sondern Bedrückung und Beklommenheit bewirkt. Erst in der folgenden Szene löst Jesus den Bann, indem er Petrus dreimal fragt: »Hast du mich lieb?« und ihm darauf dreimal den Auftrag erteilt, seine Schafe zu weiden (21,15 ff.). Der Verfasser des Nachtragskapitels will also die ganze voranstehende Erscheinungsgeschichte nur als Einleitung zu diesem Dialog mit Petrus verstanden wissen.

Schaut man daraufhin die Geschichte V. 1-14 näher an, so sieht man, daß hier zwei Motive nicht ganz ausgeglichen nebeneinander stehen. Einerseits ist es zuerst der wunderbare Fischfang auf Jesu Wort hin, der den Anstoß zu seiner Erkenntnis gibt. Petrus tut sich hier unter den übrigen Jüngern hervor; auf seine Initiative sind sie zum nächtlichen Fang ausgefahren (V. 3); er stürzt sich ins Wasser, um der erste zu sein, der bei Jesus anlangt (V. 7), und er zieht allein das übervolle Netz an Land (V. 11). Andererseits wird dann von einem Mahl erzählt, das Jesus am Ufer für seine Jünger schon bereitet hat und zu dem er sie ruft. Sie wagen es aber nicht, ihn zu fragen, wer er sei, weil sie es wissen. Er aber eröffnet das Mahl, indem er das Brot nimmt und ihnen weiterreicht (V. 12 f.).

Was die Geschichte vom Fischfang betrifft, so fällt die Ähnlichkeit mit der lukanischen Berufungsgeschichte des Petrus auf (Luk. 5,1-11). Auch die spielt am Ufer des galiläischen Sees. Auch hier fordert Jesus Petrus auf, sein Netz auszuwerfen, obwohl dieser ihm entgegenhält, daß sie die ganze Nacht nichts gefangen haben; und auf Jesu Wort hin ist der Fang überreich. Da fällt Petrus Jesus zu Füßen; und Jesus beruft den Fischer zum künftigen Menschenfischer in seine Nachfolge. Dem entspricht in Joh. 21 die dreimalige Berufung des Petrus zum Hirten der Schafe Jesu (V. 15.16.17). Liest man also die Erzählung vom wunderbaren Fischfang (V. 1-8) als Einleitung zur folgenden Berufung des Petrus (V. 15 ff.), so ergibt sich ein Erzählungszusammenhang, der dem der Geschichte in Luk. 5 entspricht. Möglicherweise ist die merkwürdige Angabe Joh. 21,11, Petrus habe das schwere Netz mit den 153 Fischen allein an Land gezogen, als verschlüsselte Anspielung auf seine besondere Funktion unter den übrigen Jüngern zu erklären (vgl. ähnlich die Zahl 666 Offb. 13,18); dann würde sie dem Wort vom Menschenfischer Luk. 5,10 entsprechen. Das alles bestärkt die Vermutung, daß beide Erzählungen auf ein und dieselbe ursprüngliche Berufungsgeschichte zurückgehen.

Daraufhin stellt sich die Frage, ob diese zugrundeliegende Geschichte wie Luk. 5 von einer vorösterlichen oder wie Joh. 21 von einer österlichen Berufung erzählt hat. Wahrscheinlich ist das letztere der Fall. Das ergibt sich aus einem Vergleich zwischen Luk. 5,1-11 und Mark. 1,16-20. Hier wird von der Berufung zweier Brüderpaare erzählt; Petrus wird zusammen mit seinem Bruder Andreas berufen. Lukas hat diese Geschichte sehr geschickt mit der Petrusgeschichte verknüpft, freilich so, daß die drei übrigen aus Mark. 1 lediglich als Genossen des Petrus genannt werden (Luk. 5,10); das Berufungswort von den Menschenfischern gilt Mark. 1,17 jedoch Petrus und Andreas zusammen, während in Luk. 5 Petrus allein berufen wird. Es handelt sich also um zwei verschiedene, miteinander konkurrierende Überlieferungen. Mark. 1 berichtet von einer vorösterlichen Berufung; Luk. 5 dagegen hat nicht nur in Joh. 21, sondern auch in allen frühen Zeugnissen von einer Berufung des Petrus durch den Auferstandenen (1. Kor. 15,5; Mark. 16,7; Luk. 24,34) die einzigen Parallelen und ist von daher sehr wahrscheinlich ursprünglich eine österliche Berufungsgeschichte gewesen. Daraus läßt sich hier eine verhältnismäßig alte erzählerische Ausführung der formelhaften Überlieferung von 1.

Kor. 15,5 erkennen, die von der Berufung des Petrus berichtet wie entsprechend Matth. 28,16-20 von der der Zwölf bzw. Elf.

Diese Berufungsgeschichte ist nun in Joh. 21 der Rahmen, in den eine Erscheinungsgeschichte anderer Art eingefügt ist, die von der wunderbaren Erkenntnis Jesu erzählt, die einer Gruppe von sieben Jüngern (21,2) im Zusammenhang eines Mahles widerfahren sei (21,12 f.). In Ziel und Atmosphäre gleicht diese Geschichte der vorösterlichen Erscheinungsgeschichte Mark. 6,45-52, die oben bereits zum Vergleich herangezogen wurde. Mitten während des nächtlichen Kampfes der Jünger mit dem vom Sturm aufgebrachten Galiläischen Meer sehen sie ihn auf dem Wasser zu ihnen kommen. Sie schreien vor Angst auf, weil sie in ihm ein Gespenst wähnen; und auch nachdem er sie angesprochen und sich zu erkennen gegeben hat, weichen Schrecken und Angst nicht von ihnen. Hier ist es die Erscheinung als solche, die – eine durch die ganze Alte Welt verbreitete Erfahrung – Schrecken und beklommene Scheu vor der widerfahrenen Nähe des Numinosen erweckt. So bleibt auch in Joh. 21 eine Atmosphäre scheuer Ängstlichkeit, die gerade durch das Wissen, wer er ist, ausgelöst wird.

Unter den Ostergeschichten ist nur noch die Emmauserzählung zu vergleichen. Beidemal spielt die Mahlsituation eine Rolle. Beidemal bestimmt das Motiv der wunderbaren Erkenntnis des Auferstandenen Art und Gang der Erzählung. Dieserart Erscheinungsgeschichten (»Rekognitionserzählungen«) könnten es gewesen sein, die Anlaß für die nachträgliche Erweiterung der Geschichten in Luk. 24,36 ff. und Joh. 20,19 ff. gegeben haben. Ihr gestaltendes Motiv der Identitäts*erfahrung* des Auferstandenen wurde dabei zum Motiv des Identitäts*beweises*. Joh. 21 ist immerhin ein Beispiel dafür, wie das Motiv der Berufung mit dem von der wunderbaren Identitätserfahrung zusammengewachsen ist. Der Weg von hier zur Überlagerung der Jüngerberufung durch den Identitätsbeweis (Luk. 24, Joh. 20) ist nicht sehr weit.

d) Es bleibt noch übrig, einen Blick auf den später hinzugefügten Schlußabschnitt des Markusevangeliums zu werfen (Mark. 16,9 bis 20). In den alten, textkritisch bevorzugten Handschriften fehlt er und findet sich erst in der Masse der späteren Handschriften. So ist das einhellig vertretene Urteil zwingend, daß es sich um einen Zusatz zum Text des Markusevangeliums aus sehr viel späterer Zeit handelt (unter Umständen erst im dritten Jahrhundert). Das bedeutet freilich nicht, daß das Stück selbst erst zu dieser späten Zeit gestaltet worden ist. Entstanden ist es vielmehr sehr wahrscheinlich bereits im zweiten Jahrhundert in kirchlicher Überlieferung unter dem Interesse, alle umlaufenden Überlieferungen über Erscheinungen des Auferstandenen zusammenzufassen. Solche katalogartigen Zusammenstellungen gab es schon zu sehr früher Zeit, wie die Liste 1. Kor. 15,5-7 beweist. Ähnlichen Charakter trägt das Stück Mark. 16,9 ff. Nacheinander werden aufgezählt 1. eine Erscheinung vor Maria Magdalena; diese teilt ihr Widerfahrnis ihren Genossen mit, die ihr jedoch keinen Glauben schenken (V. 9-11; vgl. Joh. 20,1 f.18; Luk. 24,9-11); 2. eine Erscheinung vor zwei Jüngern auf dem Wege in ein Dorf, die ebenfalls den übrigen Bericht erstatten, aber auf Unglauben stoßen (V. 12 f; vgl. Luk. 24,13-35); 3. die Schlußerscheinung vor den Elf, bei der Jesus zunächst den beharrlichen Unglauben seiner Jünger schilt (V. 14) und ihnen darauf den Auftrag zur Missionsverkündigung an »alle Schöpfung« und zur Taufe der Glaubenden erteilt und ihnen wunderbare Sprachbegabung, Heilkraft und gesundheitliche Widerstandskraft verheißt (V. 15-18). Nach dieser Rede wird Jesus in den Himmel aufgenommen (V. 19); danach beginnen die Jünger, sich ihres Missionsauftrages mit weltweitem Erfolg zu entledigen (V. 20). Die Anordnung des Ganzen entspricht der Gliederung der vorlukanischen und vorjohanneischen Erscheinungsgeschichte mit den beiden Teilen: 1. Überwindung des ungläubigen Zweifels, und 2. Missionsauftrag (Luk. 24,36 ff.; Joh. 20,19 ff.). Unter dem ersten Motiv werden als Vorbau die beiden Erscheinungen vor Maria Magdalena und den beiden Jüngern zusammengeordnet; beidemal trifft der Bericht der Betroffenen auf geharnischten Zweifel der Elf. Unverkennbar jedoch liegt das Hauptgewicht auf dem Missionsauftrag. Man sieht, wie kräftig sich dies ursprüngliche Motiv der Überlieferung über die Erscheinungen des Auferstandenen bis in diese späte Zeit durchgehalten hat.

e) Fassen wir die Ergebnisse unserer Untersuchung über die Erscheinungsberichte zusammen. Im ältesten Stadium der Überlieferung vor und neben Paulus ist von Erscheinungen Jesu in kurzen, formelhaften Sätzen die Rede gewesen, in denen die missionarische Vollmacht und Autorität bestimmter, namentlich genannter Christen ausgesprochen wurde, die der Auferstandene in seiner himmlischen Macht und Herrlichkeit zu seinen besonderen Werkzeugen berufen habe. In diesem Sinne sind die Erscheinungen vor Petrus, Jakobus und Paulus im gesamten Urchristentum nur in dieser Kurzgestalt, in der das bloße Datum genannt wird, überliefert worden. Ausgeführte Erzählungen gab es nicht. Darum hat Markus von der entscheidenden Ersterscheinung vor Petrus und den Zwölf (1. Kor. 15,5), die er der ihm überlieferten Ostergeschichte hinzufügte, nicht erzählt, sondern nur auf sie hingewiesen (Mark. 16,7). Vor Markus waren die Ostergeschichte am leeren Grabe als Schlußabschnitt des alten Passionsberichtes und die Kurzformeln, in denen die Berufung bestimmter Autoritäten im Bereich der urchristlichen Mission durch Erscheinungen des himmlischen Herrn festgehalten war, zwei getrennte, verschiedenartige Überlieferungen.

Doch schon Paulus hat die überlieferten Erscheinungen des Auferstandenen als Argument zur Bekräftigung der Auferstehungsverkündigung angeführt, als es darum ging, in seiner korinthischen Gemeinde umlaufende kritische Urteile im Blick auf die von ihm verkündigte Hoffnung auf eine endzeitliche Auferstehung der Toten zu bekämpfen (1. Kor. 15). Die Zusammenstellung einer Formel, in der die Grunddaten der Passionsgeschichte Jesu: Tod, Begräbnis und Auferweckung bereits mit den beiden Ersterscheinungen vor Petrus und den Zwölf zusammengefaßt waren (1. Kor. 15,3-5), erweitert durch die Anführung weiterer Erscheinungen (1. Kor. 15,6-7), zeigt überdies eine verbreitete Tendenz schon in früher Zeit, die gesondert überlieferten Erscheinungen in die Passions- und Ostergeschichte Jesu einzubeziehen. Markus ist ein weiterer früher Repräsentant dieser Tendenz. Er hat in Matthäus einen Nachfolger gefunden, der zum erstenmal einen Erzählungszusammenhang zwischen dem Grabesgeschehen und der galiläischen Erscheinung vor den Elf geschaffen hat.

Daneben hat sich eine andere Erzählung über dieselbe Jüngererscheinung gebildet, die Lukas und Johannes benutzt haben. Sie spielt bereits in Jerusalem, am Abend des Ostertages selbst; das heißt, zeitlich wie räumlich soll hier ein Zusammenhang zwischen der Auferstehungsverkündigung des Engels am leeren Grabe und der Erscheinung des Auferstandenen vor seinen Jüngern herausgestellt werden. Dabei spielt bei Matthäus und Johannes auch eine Erscheinung Jesu vor den Frauen, die das leere Grab entdeckt haben, eine verbindende Zwischenrolle.

Auch inhaltlich ist hier eine Veränderung festzustellen: War ursprünglich von der Erscheinung des Auferstandenen nur zum Zwecke der Berufung zur Mission die Rede gewesen, so tritt jetzt das Motiv des Identitätsnachweises zur Überwindung eines beharrlichen Zweifels der Jünger in den Vordergrund. Seine massivste Gestaltung hat dies Motiv in der johanneischen Geschichte vom zweifelnden Thomas erfahren (Joh. 20,24 ff.). An der Emmausgeschichte (Luk. 24,13-35) läßt sich dieses Motiv auf seinen Ursprung zurückführen: Hier geht es um wunderbar geschenkte Erkenntnis des zunächst unerkannt Erscheinenden beim Mahl; die Überlieferung hat von dieser Erscheinung erzählt, um damit den Ursprung der christlichen Ortsgemeinde von Emmaus festzuhalten. Ähnlichen Charakter hat auch eine im Nachtragskapitel des Johannesevangeliums verarbeitete Erzählung von einem Mahl der Jünger mit Jesus, bei dem er sich ihnen zu erkennen gegeben habe (Joh. 21,9 ff.). Gleichwohl hat sich damit bis in die späteste Überlieferungsphase hinein das ursprüngliche Motiv der Berufung durch den Auferstandenen erhalten (Mark. 16,15 ff.; Joh. 21,15 ff.).

Die *Vorstellung* von der Erscheinung ist ursprünglich die, daß der Auferstandene in seiner himmlischen Macht und Herrlichkeit denen sichtbar wird, die er berufen will. So hat es Paulus erfahren (Gal. 1,15 f.), und entsprechend dürfen wir uns auch die Erfahrung der Zeugen vor ihm vorstellen. Von dieser zugrunde liegenden Vorstellung her ist es zu verstehen, daß weder im Markus- noch im Matthäus- noch im Johannesevangelium eine Bemerkung darüber zu finden ist, von woher Jesus in seiner Erscheinung gekommen und wohin er danach gegangen sei. Das ist für die Christen der ganzen alten Zeit kein Problem gewesen. Für sie befindet sich der Auferstandene im Himmel bei Gott; und wenn er als Auferstandener erscheint, dann selbstverständlich vom Himmel her, um dorthin zurückzukehren. Da aber von einer Rückkehr in den Himmel nirgendwo etwas gesagt wird, ist eher anzunehmen, daß die Empfänger der Erscheinungen den Auferstandenen in seiner himmlischen Herrlichkeit gesehen haben. So ist jedenfalls die Formulierung des Paulus Gal. 1,16 zu verstehen, der davon spricht, Gott habe ihm seinen Sohn »offenbart«, damit er ihn unter den Heiden verkündige.

Das Wort Offenbarung hat in jüdischer apokalyptischer Überlieferung eine feste Bedeutung. Es bezeichnet wunderbare Widerfahrnisse einzelner ausgezeichneter Männer, denen durch Gott – oder meist durch einen Engel – im Himmel verborgene Sachverhalte oder zukünftige Geschehnisse als »Geheimnisse« »offenbart« werden. Ein gutes Beispiel dafür ist die Beschreibung des Sehers der Offenbarung Johannes von den ihm zuteilgewordenen Gesichten: »Ich, Johannes, ... war auf der Insel mit Namen Patmos ...; und ich geriet durch Einwirken des Geistes in Verzückung am Herrentage und hörte hinter mir eine gewaltige Stimme wie von einer Posaune, die rief: Was du siehst, schreibe in ein Buch ... Und ich wandte mich um, um die Stimme, die mit mir sprach, zu sehen; und wie ich mich umwandte, sah ich sieben goldene Leuchter und inmitten der Leuchter einen gleich einem Menschensohn ...« (Offb. 1,9 ff.). Der Menschensohn, den er sieht, ist der auferstandene, von Gottes Thron aus im Himmel herrschende Jesus (1,17 f.). Er sieht ihn später sogar in dem Augenblick, da er als vom Tode Auferstandener vor Gottes Thron tritt (Offb. 5,1 ff.). Entsprechend sieht der Märtyrer Stephanus nach dem Bericht in der Apostelgeschichte »die Himmel geöffnet und den Menschensohn zu Gottes Rechten stehend« (Apg. 7,56). Und wie der Seher der Offenbarung Johannes vom himmlischen Auferstandenen den Befehl bekommt, was ihm im Himmel gezeigt wird aufzuschreiben, so haben wir uns vorzustellen, haben auch Paulus und die Zeugen vor ihm ihre Berufung zur Mission vom Himmel her erfahren (vgl. Gal. 1,11 f.). So macht es keinen grundlegenden Unterschied, ob Paulus ähnlich wie der Seher der Offenbarung Johannes seinen Auftrag vom Himmel her erfährt oder ob die Erscheinungsgeschichten des Matthäus- und Johannesevangeliums umgekehrt den Auferstandenen auf Erden erscheinen lassen. Zur Erscheinung gehört in beiden Fällen, daß es der Himmlische ist, der erscheint. Darum ist seine Herkunft und sein Ziel kein Problem. Der Auferstandene erscheint plötzlich – zum Beispiel durch verschlossene Türen hindurch (Joh. 20,19) – und verschwindet ebenso wieder (vgl. etwa Luk. 24,31). Zumeist verlautet überhaupt nichts über seinen Verbleib.

Der Bericht des Matthäus schließt mit dem letzten Wort der Rede Jesu an seine Jünger: »Ich bin bei euch alle Tage bis zur Vollendung der Weltzeit« (28,20). Ebenso endigt das Johannesevangelium mit dem Wort des Auferstandenen an Thomas: »Selig sind, die glauben, ohne daß sie gesehen haben« (20,29). Von einer Himmelfahrt Jesu nach seiner Erscheinung weiß die ganze neutestamentliche Überlieferung nichts, denn für sie ist der Auferstandene bereits im Himmel, bevor er erscheint; oder er erscheint während seiner

Auffahrt (Joh. 20,17). Die einzige Ausnahme sind die Schriften des Lukas. Ihnen müssen wir uns darum im folgenden kurz zuwenden.

f) Zunächst muß daran erinnert werden, daß der Glaube an Jesus als den erhöhten Herrn, der im Himmel zur Rechten Gottes über alle Mächte herrscht, von Anfang an und in der ganzen Breite des Urchristentums zum Glauben an den Auferstandenen hinzugehört. Auferweckung und Erhöhung gehören zusammen (Röm. 8,34; Eph. 1,19 ff.; Kol. 1,18 ff.; Hebr. 1,3; 13,20 f.). Ja, oft ist überhaupt nur von der Erhöhung Jesu die Rede, während die Auferweckung stillschweigend mitgedacht ist (zum Beispiel Phil. 2,9-11; Hebr. 1,3; 5,5 ff.; Joh. 16,28). Daß der Gekreuzigte zum Leben gekommen ist, ist unter diesem Gesichtspunkt nur ein Moment im Geschehenszusammenhang seines triumphalen Aufstiegs und himmlischen Machtantritts an der Seite Gottes. Nicht der Glaube an den Erhöhten also ist es, sondern vielmehr die Schilderung seines Aufstiegs als eines besonderen Geschehens nach seiner Auferstehung und als Abschluß der Zeit seiner irdischen Erscheinungen, die sich allein im Lukasevangelium und in der Apostelgeschichte findet.

Die beiden Berichte unterscheiden sich überdies nicht unwesentlich voneinander. Am Schluß des Evangeliums wird folgendes erzählt: Nachdem Jesus die Aussendungsrede an seine Jünger beendigt hatte, »führte er sie hinaus nach Bethanien, hob seine Hände und segnete sie. Und während er sie segnete, entfernte er sich von ihnen und wurde zum Himmel emporgetragen. Sie aber kehrten nach Jerusalem zurück in großer Freude und waren die ganze Zeit im Tempel und priesen Gott« (Luk. 24,50-53). In einigen Handschriften fehlt der Satz über die Himmelfahrt, so daß nur von einem Abschied Jesu die Rede ist. Aber das beruht wahrscheinlich auf nachträglicher Streichung, durch die der Schluß des Lukasevangeliums mit dem Eingang der Apostelgeschichte ausgeglichen werden sollte, wo von der Himmelfahrt Jesu nochmals berichtet wird (Apg. 1,9 f.). Diese Doppelung ist aber wahrscheinlich schriftstellerische Absicht des Lukas, um durch die Wiederholung den Zusammenhang zwischen der Geschichte Jesu und der darauffolgenden Missionsgeschichte augenfällig hervortreten zu lassen.

Die Himmelfahrt ist Luk. 24 als der endgültige Abschied Jesu von seinen Jüngern auf Erden gestaltet. Darum segnet er sie: In den Vätergeschichten der Bibel segnet der Erzvater seine Söhne, bevor er stirbt. Bekannt ist die Geschichte von Jakob, der sich den Segen des sterbenden Patriarchen erschleicht, der eigentlich Esau, dem älteren, zukommt (1. Mose 27). Ebenso segnet Jakob die Söhne seines Sohnes Joseph, bevor er stirbt (1. Mose 48). Vor allem aber segnet Mose vor seinem Tode das Volk Israel (5. Mose 33). Entsprechend segnet der König Salomo nach dem großen Gottesdienst zur Einweihung des Tempels die ganze Gemeinde, bevor sie in ihre Städte und Dörfer zurückziehen (1. Kön. 8,54 ff.; vgl. Sir. 50,20 f. sowie auch Jos. 22,6 f.). Die erhobenen Arme sind die Geste des Segens – zum Zeichen dessen, daß es der Segen Gottes ist, den der Segnende vom Himmel herabwünscht (vgl. 4. Mose 6,22 ff.). Im apokryphen Buch Tobit schließlich segnet der Erzengel Rafael den Vater Tobit und seinen Sohn Tobias am Ende seiner Erscheinung, bevor er wieder zum Himmel aufsteigt (Tob. 12,16 ff.). Genug der Beispiele, sie sollen hier nur den Sinn der Segenshandlung Jesu zeigen: Der Auffahrende überläßt die Seinen der Heilswirkung Gottes vom Himmel her.

Anders ist die Himmelfahrtsgeschichte zu Eingang der Apostelgeschichte gestaltet. Hier blendet Lukas noch einmal in die Schlußszene des Evangeliums zurück, wo sich der Auferstandene seinen Jüngern »durch viele Beweise« als lebendig gezeigt und sie angewiesen habe, in Jerusalem zu bleiben, um den verheißenen Geist als Gabe vom Himmel her zu empfangen (1,4 f.). Die Frage seiner Jünger, ob er nun also als Messias daran gehe, Israel das verheißene Reich der Endzeit zu errichten (1,6), schneidet er ab: Nicht um den Anbruch der Endzeit gehe es jetzt, sondern darum, daß seine Jünger durch den Geist Gottes befähigt werden sollen, von Jerusalem aus die Verkündigung »bis zum Ende der Erde« zu tragen (1,8). Die Zeit der Weltmission ist es, die jetzt beginnt. Damit stellt Lukas jenes ursprüngliche Motiv der Erscheinungsüberlieferung mit großem Nachdruck in die Mitte der Szene. Daraufhin erfolgt die Himmelfahrt: »Und nachdem er das gesagt hatte, wurde er vor ihre Augen emporgehoben, und eine Wolke hüllte ihn ein und entfernte ihn ihren Blicken. Und wie sie dastanden und ihm nachstarrten, wie er in den Himmel auffuhr, siehe, da standen zwei Männer bei ihnen in leuchtendweißen Kleidern (vgl. Luk. 24,4!), die sprachen sie an: Ihr Männer aus Galiläa, was steht ihr da und seht gen Himmel? Dieser Jesus, der jetzt von euch weg in den Himmel entrückt worden ist, wird genauso wiederkommen, wie ihr ihn jetzt habt gen Himmel fahren sehen« (V. 9-11). Darauf kehren sie vom Ölberg wieder nach Jerusalem zurück (V. 12).

Lukas tut hier alles, um mit den Jüngern zugleich seine Leser von der Himmelfahrt Jesu weg und zur nunmehr bald beginnenden irdischen Missionsgeschichte hinschauen zu lassen, die er im folgenden mit großer Kunst und hinreißendem theologischen Elan beschreibt. Warum? Die beiden Engel sagen es: Weil die Himmelfahrt auf der Wolke keine andere Bedeutung hat, als Jesus an den Ort zu bringen, von dem aus er am Ende wieder zurückkehren wird. Das heißt: Der Abschied Jesu hat seine Zeit; er dient zunächst als Zäsur zwischen der Geschichte Jesu und der nun folgenden Geschichte der Mission. Auf diese sollen sich die Jünger nunmehr ganz konzentrieren. Denn ihre Aufgabe ist es, Jesu Geschichte über die ganze Erde hin zu verkündigen, damit er bei seiner endzeitlichen Rückkehr eine Jüngerschaft aus allen Völkern der Welt vorfindet.

Man sieht: Das ist ein theologisches Programm von großer Kraft. Nach Lukas soll man an das Kommen der Endzeit nicht denken, ohne sich dadurch zu höchster missionarischer Aktivität anspornen zu lassen. Denn das Ende mit Jesu Wiederkunft ist an den weltweiten Erfolg der Völkermission gebunden (vgl. schon Mark. 13,10!). So ist hier die Himmelfahrt Jesu dem Motiv der Sendung zur Mission, das im Mittelpunkt der Erscheinungsüberlieferung steht, entschlossen untergeordnet. Daraus ist zu schließen, daß Lukas die Himmelfahrt aus ihm vorgegebener Überlieferung kennt. Er ordnet sie in seine Ostergeschichte ein: Die Himmelfahrt beendet die Zeit der Erscheinungen Jesu. Vierzig Tage – heißt es Apg. 1,3 – habe diese Zeit gewährt. Das ist natürlich nicht im Sinne einer historisch korrekten Zeitangabe gemeint. Vierzig ist eine biblische Zahl (vgl. Ps. 95,10 von der Wüstenzeit Israels; 1. Kön. 19,8 von der Fastenzeit des Propheten Elia). Lukas kommt es lediglich darauf an, daß es sich um eine begrenzte Frist gehandelt habe (vgl. Apg. 13,31). Warum? Für ihn ist es wesentlich, daß die elf Jünger als die späteren Apostel der Kirche die Geschichte Jesu von Anfang an – und besonders auch die Zeit seiner Gegenwart nach seiner Auferstehung – als Augenzeugen bezeugen können (vgl. Apg. 2,32; 3,15; 5,32; 10,40-42).

Und eben darin besteht die inhaltliche Veränderung in der Vorstellung von den Erscheinungen Jesu, die sich bei Lukas zeigt: Jesus erscheint nicht vom Himmel her, sondern er zeigt sich den späteren Zeugen auf Erden, zum Beweis, daß er, der Gekreuzigte, wirklich lebt. »Was sucht ihr den Lebendigen bei den Toten?« sagt bezeichnenderweise der Engel zu den Frauen am Grabe (Luk. 24,5; vgl. 24,23!). Und in der späteren Predigt der Apostel ist es einer der entscheidenden, zentralen Sätze, daß Gott seinen Messias nicht im Tode gelassen, sondern ihn dem Tode entrissen habe (Apg. 2,24 ff.; 13,34 f.; 17,31.32); ja, Lukas kann die apostolische Predigt geradezu so kennzeichnen: Es gehe darum, »im Blick auf Jesus die Auferstehung der Toten zu verkündigen« (Apg. 4,2; vgl. 23,6 ff.!). Wir erkennen so eine theologisch reflektierte Weiterbildung jenes Motivs, das sich in der späteren Phase der Überlieferung der Erscheinungsgeschichten in den Mittelpunkt geschoben hat: das Motiv des Identifikationsbeweises. Schon in der Erscheinungsgeschichte Luk. 24,36 ff. hat Lukas stark herausgearbeitet, daß der Erscheinende wirklich und leibhaftig Jesus sei. Jetzt sieht man, warum ihm das so wichtig ist: An der Leibhaftigkeit der Erscheinung hängt die Wirklichkeit der an Jesus geschehenen Auferwekkungstat Gottes, auf die die Christen für sich selbst hoffen dürfen. Mit dem gleichen Interesse, mit dem Paulus seinen Korinthern gegenüber auf der Wirklichkeit der zukünftigen Totenauferstehung besteht (1. Kor. 15,12 ff.), verficht der Theologe Lukas die leibhaftige Wirklichkeit der Auferstehung.

Unter dem Aspekt dieses Interesses gelten so Jesu Erscheinungen als Beweise seiner Auferstehung (Apg. 1,3); deswegen haben sie ihre irdische Zeit wie alle Phasen seiner Geschichte. Der Auferstandene hat nach Lukas seinen Ort nicht im Himmel, sondern noch auf der Erde. So hat Lukas die Überlieferung von Jesu Himmelfahrt geradezu benötigt: Durch sie ist der Auferstandene von seinem irdischen Aufenthalt bei seinen Jüngern in den Himmel zu Gott emporgehoben worden. Aber nicht die Entfernung in den Himmel als solche interessiert den Theologen Lukas, sondern das irdische Missionsgeschehen, in dem sich die Geschichte Jesu fortsetzt, bis er einst vom Himmel wieder auf die Erde zurückkehren werde.

Nun hat Lukas zweifellos diese neuen Gedanken nicht einfach selbst erfunden. Er hat vielmehr nur theologisch durchdacht, was ihm an Tendenzen in der Überlieferung vorgegeben war. So dürfte von der Himmelfahrt als Abschluß des irdischen Aufenthaltes Jesu schon vor Lukas erzählt worden sein. Der späte Markusschluß ist dafür ein gutes Beispiel. Hier wird nach dem Missionsauftrag des Auferstandenen an seine Jünger berichtet: »Der Herr Jesus nun wurde nach dieser Rede an sie zum Himmel entrückt und hat Platz genommen zur Rechten Gottes« (Mark. 16,19). Der Satz von der Entrückung zum Himmel ist wörtlich der alttestamentlichen Geschichte von der Entrückung des Propheten Elia entnommen (2. Kön. 2,11). Und vom Sitzen zur Rechten Gottes ist im Psalm 110,1 die Rede – einer Stelle, die durchweg in der urchristlichen Verkündigung als Zeugnis für die Erhöhung Jesu aufgefaßt und vielfach verwendet worden ist. Hier sieht man, wie die Himmelfahrtsgeschichte entstanden ist: Vorgegeben war der urchristliche Glaubenssatz von Jesu Erhöhung zur Rechten Gottes. Er galt freilich in der älteren Zeit im Blick auf die Auferstehung Jesu. Wo man jedoch später die Auferstehung Jesu als das erste große göttliche Wunder der Totenauferweckung pries und seine Erscheinungen als Selbsterweise des Auferstandenen auf Erden verstand, mußte die Erhöhung in den Himmel als besonderer, von der Auferweckung unterschiedener Akt berichtet werden. Als Vorbild dazu fand man die alttestamentliche Geschichte von der Entrückung Elias vor den Augen seines Schülers Elisa. Auch die Geschichte Apg. 1,10 ist von dieser alttestamentlichen Erzählung inspiriert. Wahrscheinlich ist der Zusammenhang zwischen der Himmelfahrt Jesu und dem Geistempfang seiner Jünger (Apg. 1,4f.8; 2,1ff.) ebenfalls der Eliageschichte entnommen. Dort wird nämlich erzählt, Elisa habe zuvor von seinem Lehrer erbeten, nach dessen Fortgang Anteil an seinem Geist zu gewinnen (2. Kön. 2,9f.); und tatsächlich habe Elisa nach der Entrückung seines Meisters die Erfüllung seiner Bitte erfahren (2. Kön. 2,15).

In ganz anderem Überlieferungszusammenhang sagt übrigens auch der johanneische Jesus geradezu als Lehrsatz: »Wenn ich nicht weggehe, kommt der Anwalt (gemeint ist: der Geist Gottes) nicht zu euch; wenn ich aber gehe, werde ich ihn zu euch senden« (Joh. 16,7). Während jedoch Johannes Auferstehung und Himmelfahrt Jesu noch als einen einzigen Geschehenszusammenhang aufgefaßt hat, in den sich die Erscheinungen Jesu als Zwischenereignisse einfügten, so daß sich der Auferstandene gleichsam im Vorübergehen während seines Aufstiegs zum Himmel den Seinen zu erkennen gibt (vgl. Joh. 20,17!) und während noch im Erscheinungskatalog des nachgetragenen Markusschlusses die Vorstellung herrscht, daß alle Erscheinungen am selben Ostertag nacheinander erfolgt seien, ist einzig Lukas an einer deutlichen Unterscheidung zwischen Auferstehung und Himmelfahrt und einer vierzigtägigen Frist der Anwesenheit des Auferstandenen bei seinen Jüngern interessiert. Mit dieser Anordnung steht die Apostelgeschichte im vielstimmigen Chor der urchristlichen Überlieferungsgeschichte allein da. Selbst in seinem Evangelium hat sich Lukas noch der allgemeinen Vorstellung angeschlossen, nach der die Himmelfahrt Jesu als Abschluß seiner Erscheinung am Ostertage selbst geschehen sei. Erst durch die Aufnahme der vier Evangelien mitsamt der Apostelgeschichte in den Kanon der Alten Kirche stellte sich das Bedürfnis ein, alle berichteten Ostergeschehnisse des Neuen Testaments in eine übereinstimmende zeitliche Ordnung zu fügen. Und hier hat dann die weitestgehende Vorstellung der Apostelgeschichte den Rahmen abgesteckt, in den die Berichte der Evangelien sich einzufügen hatten. Ein gesondertes Himmelfahrtsfest vierzig Tage nach Ostern ist in der liturgischen Ordnung der Kirche erst seit dem vierten Jahrhundert bezeugt.

Kapitel II
Der Sinn der Auferstehungsvorstellung

Wenn schon alles gegenwärtige Verstehen zwischen Menschen schwierig ist und gesammelter Anstrengung und gezielten Interesses bedarf, so ist das Verstehen von Aussagen aus vergangenen Zeiten, die uns nur in schriftlicher Gestalt vorliegen, die schwierigste Aufgabe, die dem Verstehen gestellt werden kann. Denn Texte kann man nicht wie gegenwärtige Partner fragen, wie sie meinen und verstehen, was sie sagen. Texte sind erstarrte Sprache. Wer sie verstehen will, muß sich in die vergangene Sprachbewegung hineinfinden, sie in sich selbst zu wiederholen suchen. Das kann man nur scheinbar, wenn man sie zu sich in die Gegenwart zieht. Wer Texte aus vergangenen Zeiten wirklich verstehen will, muß den ungleich anstrengenderen, dornigen Weg in ihre eigene Gegenwart suchen, die uns vergangen ist.

Den Christen des ersten Jahrhunderts war vieles selbstverständlich, was es für uns heute nicht mehr ist. Das Selbstverständliche aber wird ja nie eigens ausgesprochen, es steckt in der konkreten Situation und mehr noch in dem ganzen vielschichtigen Erfahrungszusammenhang, den jede Sprache voraussetzt. Worte bedeuten schon etwas, wenn sie jetzt und hier gebraucht werden. Bilder, Assoziationen, Vorstellungen, Gedanken, die sich uns im Sprechen einstellen, haben schon eine Vorgeschichte, die die Bedingung dafür ist, daß wir sie in Anspruch nehmen und von unseren Partnern verstanden werden können. Kurz, Sprache setzt Überlieferung voraus. Nur weil wir in Überlieferung leben, können wir sprechen. Die Überlieferung aber, die in gesprochener Sprache präsent und wirksam ist, zeigt sich nicht selbst; sie ist vielmehr das zumeist unbestimmte Medium der Sprache, an dem der Sprechende wie der Angesprochene je schon teilhaben. Je besser es darum gelingt, die *Überlieferung* zu verstehen, an der die Sprache eines Textes als gleichsam seiner ihm vorgegebenen Heimat teilhat, um so sicherer und klarer kann man den *Text selbst* verstehen.

Wenn wir daher das Zeugnis der ältesten Christen von Jesu

Auferstehung als ihre Aussage verstehen wollen, so müssen wir aufzuhellen suchen, in welchen Motiv-, Vorstellungs- und Denkzusammenhängen sie von ihr gesprochen haben. Da sie nun zumeist Juden waren, bevor sie Christen wurden, ist von vornherein anzunehmen, daß jüdische Überlieferung weithin jener für sie selbstverständliche Horizont war, in dem sie ihren christlichen Glauben verstanden und sprachlich ausgedrückt haben. So werden wir uns im folgenden den jüdischen Auferstehungsvorstellungen zuwenden in der Erwartung, in ihnen gleichsam einen Interpreten für die Auferstehungsaussagen der ältesten Christen zu gewinnen. Das kann natürlich nicht heißen, daß diese geradlinig aus jenen abzuleiten wären, so als sei im Christentum gar nichts Neues, Eigenes, Besonderes auf den Plan getreten. Der Vergleich mit jüdischen Texten wird vielmehr das spezifisch Christliche um so deutlicher hervortreten lassen. Man muß sich nur den Gedanken aus dem Kopf schlagen, als sei das Christentum um der absoluten, unbedingten Wahrheit seiner »Sache« willen *geschichtlich voraussetzungslos*, inmitten der antiken Religionsgeschichte gleichsam vom Himmel gefallen. Das Absolute zeigt sich in der Geschichte niemals daran, daß es unvergleichlich originell, sondern daran, daß es als das geschichtlich Neue dem Alten, aus dem es hervorgewachsen ist, an Überzeugungskraft überlegen ist. So muß das Verstehen des Neuen beim Alten ansetzen. Das soll in diesem Kapitel geschehen, bevor dann im Schlußkapitel versucht werden soll, das Neue, eigentlich Christliche in der neutestamentlichen Auferstehungsaussage als solches zu verstehen und ihm nachzudenken.

1. Leben und Tod im Alten Testament

a) So wichtig und zentral das Thema der Auferstehung im Neuen Testament ist – im Alten Testament findet man es nur ganz am Rande. Für die Israeliten der ganzen frühen Jahrhunderte bis ins zweite Jahrhundert vor Christus hinein konzentrierte sich alles religiöse Interesse auf das Leben zwischen Geburt und Tod. Der natürliche Tod des altgewordenen Menschen ist das selbstverständliche Ende des Lebens, das grundsätzlich seine Zeit hat. Wer stirbt wie Abraham, »in schönem Alter, alt und lebenssatt« (1. Mose 25,8), dessen Leben ist mit dem Tode voll geworden. Der Gedanke an den *Tod* provoziert nur dazu, das *Leben* in einem letzten Sinne ernst zu nehmen (Ps. 90,12). Nur der jähe, vorzeitige Tod ist zu fürchten: ihm gilt die Totenklage (vgl. 2. Sam. 1,17 ff.; 3,33 f.). Der Kranke und Gefährdete bittet Gott um Rettung vor dem Tode, und nach überstandener Gefahr preist er seinen Lebensretter: »Die Stricke des Todes hatten mich umfangen, die Ängste der Unterwelt mich befallen, ich kam in Not und Kummer. Aber ich rief den Namen des Herrn an: Ach Herr, errette mein Leben! ... Ja, du hast mein Leben vom Tode errettet, mein Auge vor Tränen bewahrt, meinen Fuß vor dem Fall. Ich darf vor dem Herrn wandeln im Lande der Lebendigen« (Ps. 116,3 f.8 f.). Diese Sätze, die im Neuen Testament als Weissagung der Auferstehung Jesu aufgefaßt werden (Apg. 2,24 ff.), sind ursprünglich ganz »diesseitig« gemeint gewesen. Das Leben des irdischen Alltags ist der Ort des Menschen und zugleich auch der Ort Gottes. »Die Toten preisen den Herrn nicht, keiner von allen, die zur Stille hinabgefahren: Wir aber, wir loben den Herrn von nun an bis in Ewigkeit« (Ps. 115,17 f.). »Errette mein Leben, denn im Tode gedenkt man deiner nicht – wer wird in der Unterwelt dich preisen?« (Ps. 6,6 f.). Geradezu drastisch kommt das zum Ausdruck in der Geschichte von der Krankheit und dem Tod des Kindes Davids, das aus seinem Ehebruch mit der Frau des Uria hervorgegangen war: David nimmt tagelang keine Nahrung zu sich und betet Tag und Nacht im Trauergewand um das Leben des Kindes. Als ihm jedoch die Todesnachricht überbracht wird, bricht er die Klage ab, wäscht sich, kleidet sich, ißt und trinkt und betet im Tempel. Seinen Dienern antwortet er: »Als das Kind noch lebte, da habe ich gefastet und geweint, weil ich dachte: Wer weiß, vielleicht ist der Herr mir gnädig, und das Kind bleibt am Leben. Nun es aber tot ist, was soll ich da fasten? Kann ich es etwa noch zurückholen? Ich werde wohl zu ihm gehen, es aber kommt nie wieder zu mir!« (2. Sam. 12,22 f.).

Der Gott Israels ist ein Gott der Lebendigen (Mark. 12,27). Der »Bund«, den er mit seinem erwählten Volk eingegangen ist, beruht auf dem gegenseitigen unverbrüchlichen Versprechen beider Partner: Israel soll sein ganzes Leben durch den Gehorsam gegen den Willen seines Gottes bestimmt sein lassen; dafür sagt Gott ihm Schutz und Förderung seines Lebens zu. Israel vor seinen Feinden zu erretten und seinen Alltag zu segnen, das ist Gottes Part im Bunde, Gehorsam und Brüderlichkeit der seiner menschlichen Partner. Und so erfahren diese ganz unmittelbar, umfassend und durchgreifend alles Gute in ihrem Leben als Gabe ihres Gottes:

»Wenn du nun willig auf das Wort des Herrn, deines Gottes, hörst, so daß du alle seine Gebote, die ich dir heute gebe, erfüllst, so wird dich der Herr, dein Gott, erhöhen über alle Völker der Erde, und alle diese Segnungen werden über dich kommen und werden dich erreichen, wenn du auf das Wort des Herrn, deines Gottes, hörst«, so lautet die Einleitung zu einer langen Schlußrede des Mosegesetzes (5. Mose 28,1 f.). Den Gehorsamen wird hier Segen und den Ungehorsamen Fluch angesagt. Wer nun aber meinen sollte, es handle sich um einen jenseitig-himmlischen Segen und Fluch, der lasse sich von der prallen Diesseitigkeit überraschen, mit der hier der Segen und entsprechend der Fluch beschrieben wird: »Gesegnet bist du in der Stadt und gesegnet auf dem Felde. Gesegnet ist die Frucht deines Leibes, die Frucht deines Landes und die Frucht deines Viehs, der Wurf deiner Rinder und die Zucht deiner Schafe. Gesegnet ist dein Korb und dein Backtrog ...« (V. 3-5); und so geht es in langer Reihe fort. Israels »Weisheit«, die Lehre, die aus generationenbewährter Erfahrung gezogen und der künftigen Erfahrung der Jugend anheimgestellt wird, antwortet auf jene solenne Ankündigung praktischen Heils als Frucht des Glaubensgehorsams: »Gerechtigkeit erhöht ein Volk, aber die Sünde ist der Leute Verderben« (Spr. 14,34); »Die Furcht des Herrn verlängert das Leben, aber die Jahre des Gottlosen werden verkürzt« (Spr. 10,27). Ja es heißt sogar: »Ich bin jung gewesen und alt geworden, doch habe ich nie den Gerechten von Jahwe verlassen gesehen noch seine Kinder betteln um Brot« (Ps. 37,25).

b) Man versteht all diese Sätze, die sich leicht vermehren lassen, nicht richtig, wenn man sie in einem isolierten Sinn als »religiöse« Aussagen von der Erfahrungswirklichkeit unterschiede. Religion ist hier vielmehr ganz Erfahrung und die Wirklichkeit des erfahrenen Alltags durchaus religiös. So gilt ganz allgemein als Grundsatz der Besinnung auf menschliches Tun und menschliche Geschickerfahrung: »Wer eine Grube gräbt (nämlich: damit andere hineinfallen), wird selbst hineinfallen; und wer einen Stein hochwälzt, auf den fällt er zurück« (Spr. 26,27). Mit diesem sprichwortartigen Lehrsatz will gesagt sein: Es gibt eine Entsprechung zwischen dem, was ein Mensch *tut*, und dem, was er dann als sein Geschick *erfährt*. Böse Tat zieht böses Geschick, gute Tat gutes Geschick nach sich. Und erst dann, wenn das Tun im Ergehen des Täters seine Entsprechung gefunden hat, ist es »voll« geworden. Darum stirbt Abraham, der Gerechte, »lebenssatt«: sein Leben hat seinem Tun entsprochen; Abraham ist sozusagen auf seine Kosten gekommen: Der Tod bricht nichts ab, sondern vollendet nur.

Da nun das Leben der Israeliten, wie gesagt, so selbstverständlich und durchgreifend durch ihre Gottesbeziehung bestimmt ist, hat auch diese an jenem Gesetz der Entsprechung zwischen Tun und Ergehen Anteil: »In der Sünde eines bösen Mannes liegt eine Falle – aber der Gerechte jauchzt und ist fröhlich« (Spr. 29,6). Sünde ist alles Tun eines Menschen gegen Gottes Willen, Gerechtigkeit alles Tun, in dem er zu seinem Teil dem Gottesverhältnis entspricht. Sünde – will der Spruch sagen – zieht Unheil nach sich; denn sündiges Tun zerbricht das heile Gottesverhältnis; Gottes Heil, das er seinem Partner zugesagt hat, kann einem Sünder nicht zukommen. Tun der Gerechtigkeit aber zieht Heil nach sich, denn im Bunde mit Gott sollen Gerechtigkeit und Heil sich entsprechen – auf seiten beider Partner: Dem Gerechten läßt Gott Heil zukommen, und nur der Gerechte ist es, der Heil erfährt. Daß der Mensch sich so sein Schicksal durch sein eigenes Tun erwirkt und daß ihm sein Schicksal aus Gottes Hand zukommt, widerspricht sich für israelitisches Denken nicht. Das Gottesverhältnis ist so grundsätzlich auf das Tun gestellt, daß – von seiten Gottes wie von seiten der Menschen – die gegenwärtige Wirklichkeit als das Ergebnis dieses Tuns zu verstehen ist; der Mensch handelt, und Gott läßt ihm das entsprechende Ergehen zukommen. Da es Heil – im Sinne ganz irdischer Lebenserfüllung – grundsätzlich nur als Wirkung Gottes gibt, da aber Gott sein Heil zugleich nur dem Gerechten zugesagt hat, steht Gottes Tun und der Menschen Tun in derselben Entsprechung, in der das Tun der Menschen und ihr nachfolgendes Ergehen aneinander gebunden sind. Von daher erklärt sich der so vielumstrittene Satz des Paulus als durchaus jüdischem Denken gemäß: »Mit Furcht und Zittern erwirkt euch euer Heil; *denn* Gott ist es, der nach seinem Willen in euch das Wollen wie das Vollbringen bewirkt« (Phil. 2,13).

c) Nun hat es gewiß in Israel im einzelnen vielfach Erfahrungen gegeben, die diesem Grundsatz widersprachen. Nicht alles Unglück ließ sich als Entsprechung zu vorangegangenem bösen Tun erkennen, und vor allem: Viel tadellose Gerechtigkeit wartete ihrer guten Ernte vergebens. Ein Hiob, der als Gerechter ein Übermaß von Krankheit und Leid zu erdulden hat, bleibt ein theologisches

Rätsel. Und im Buche des »Predigers Salomo« findet sich eine Fülle von Beispielen bewegender Resignation im Blick auf die Frage der Theodizee. Aber im ganzen hat das frühe Israel den Grundsatz der Übereinstimmung von Leben und Religion nie in Zweifel gezogen oder gar aufgegeben.

Auf diesem Hintergrund ist jene erregende Konfrontation zwischen dem Volk Israel und den Propheten zu verstehen. Männer wie Amos und Hosea erkannten, daß das Verhalten Israels ganz ohne jeden Zweifel sündhaft und also der totale Bruch des Gottesverhältnisses die unausbleibliche Folge sei. So fahren sie mit ihrer Unheilsansage im Namen Gottes mitten in die Selbstverständlichkeit der allgemeinen Gottseligkeit des selbstzufriedenen Volkes, das geradezu blind ist, sein Verhalten als Sünde zu erkennen und daraus die richtigen Folgen zu ziehen: nämlich radikal umzukehren, bevor die Katastrophe des »Gotteszornes« hereinbreche. Gewiß, wenn die Leute in politische Not geraten, beginnen sie vor Gott zu klagen, sich schuldig zu bekennen und um Vergebung zu bitten. Hosea hört sie zueinander sagen: »Kommt, laßt uns umkehren zum Herrn; denn er hat uns zerrissen – er wird uns heilen; er hat uns geschlagen – er wird uns verbinden. Nach zwei Tagen wird er uns neu beleben, am dritten Tag uns wieder aufrichten, daß wir leben vor ihm. Laßt uns streben, mit Eifer streben nach Erkenntnis des Herrn: Sobald wir ihn suchen, werden wir ihn finden, und er wird zu uns kommen wie der Regen, wie der Frühjahrsregen, der die Erde erquickt« (Hos. 6,1-3). In dieser Liturgie, wie sie der Prophet seiner Generation in den Mund legt, steckt bittere Ironie: Er läßt nämlich ihren so selbstverständlichen Glauben an Gottes Güte, der Israels Vergehen übersehen, sich seines erwählten Volkes immer schnell wieder erbarmen, von ihm nicht lassen, es seinen Feinden nicht preisgeben werde, entsprechend selbstverständlich in den Glauben der kanaanäischen Naturreligion der Umwelt Israels übergehen. Dort sah man im Kreislauf von Frucht und Ernte, Regen und Dürre, Wachsen, Reifen, Vergehen und neuem Wachstum ein mythisches Urgeschehen sich abbilden, das die Gottheit selbst betreffe: In regelmäßiger Wiederkehr stirbt sie für »zwei Tage« und belebt sich wieder »am dritten Tage«. Die antike Religionsgeschichte ist voll von solcherart Mythen sterbender und auferstehender Gottheiten; es gab sie ähnlich wie in Kanaan auch in Babylonien und Ägypten. Dem israelitischen Glauben galt das als »Greuel«. Nun aber sieht der Prophet in der Selbstverständlichkeit, in der sein Volk seine Sünde jeweils durch Gottes Barmherzigkeit loswerden zu können wähnt, strukturell nichts anderes als in jenem heidnischen Auferstehungsglauben. Und er hört Gott antworten: »Was soll ich dir tun, Ephraim? Was soll ich dir tun, Juda? Ist doch eure Liebe der Morgenwolke gleich und wie der Tau, der bald verschwindet!« (V. 4). Das heißt: Eure Umkehr ist die Sache eines liturgischen Augenblicks, nicht die Sache eures wirklichen Alltags. Was kann Gott da tun? Was kann er – wenn Gerechtigkeit Gerechtigkeit bleiben soll – anderes tun, als dies ganz sündige Volk mitsamt seiner Umkehrliturgie dem Verderben preiszugeben, das es sich in seinem eigenen Freveltum erwirkt hat? Und so haben die Propheten diese unpopuläre Unheilsverkündigung groß und klein in die Ohren geschrien.

Die politischen Katastrophen der beiden israelitischen Staaten (733 und 721 völlige Vernichtung des Nordreiches durch die Assyrer, 587 Zerschlagung des Südreiches und Deportation der oberen Schichten nach Babylon) haben in der israelitischen Überlieferung einen sehr tiefen, nachhaltigen Eindruck von der Wahrheit der prophetischen Predigt hinterlassen und damit von der Wahrheit jenes alten Grundsatzes: »Gerechtigkeit erhöht ein Volk, aber die Sünde ist der Leute Verderben.« Und doch ging die geschichtliche Erfahrung auf die Dauer nicht in diesem Grundsatz auf. In Israels Geschichte war eben nicht vollauf die Entsprechung zu seinem Tun zur Wirkung gekommen, weder im Guten noch im Bösen. Und zumal, wo man allmählich dazu kam, den Grundsatz der Entsprechung von Tun und Ergehen auf den einzelnen Israeliten für sich anzuwenden, blieben gleichsam viele Rechnungen unbeglichen. Im bisherigen Gang der Geschichte – des Volkes wie der einzelnen Volksgenossen – konnte noch nicht jene letzte, völlige Entsprechung zur Wirkung gekommen sein, die Gott herbeizuführen sich verbürgt hatte. Die Geschichte vielmehr schrie geradezu nach einer Erfüllung alles noch nicht erfüllten, noch offenstehenden Geschehens. Und da der Glaube an Gottes Macht und Willen in Kraft blieb, er werde die Gerechtigkeit vollauf durchsetzen, die Treue seiner Gerechten mit Errettung von ihren Feinden und ewigem heilvollem Leben belohnen und die Untreue aller Sünder mit ewigem Verderben ahnden, bildete sich in der israelitischen Überlieferung die Erwartung eines zukünftigen allgemeinen Gerichtes Gottes heraus: Da werde Gott alle bis dahin noch erfüllte Entsprechung zwischen Gerechtigkeit und Heil und zwischen Sünde und

Verderben restlos zur Erfüllung bringen und also »jeden Menschen nach seinen Taten richten«, das heißt: alles Tun der Menschen dem jeweils entsprechenden Geschick für ewig anheimgeben, das Böse ewigem Unheil, das Gute ewigem Heil. Und im Vollzug dieses Gerichtes werde Gott selbst *seine* Gerechtigkeit vollauf zur Wirkung bringen, wie er es in der Erwählung seines Volkes zugesagt habe, so daß der Vollzug des Gerichtes zugleich auch ihn selbst »verherrliche«. Im Blick auf das Endgericht also blieb es auch in der Eschatologie (Enderwartung) des späteren israelitischen Glaubens bei der alten Vorstellung, daß Gottes Tun und der Menschen Tun einander entsprechen, indem durch Gottes Tun der Menschen Tun zu seiner jeweiligen Erfüllung finde, wenn nicht in der Gegenwart und Vergangenheit, dann doch jedenfalls in der Zukunft.

d) Diese Anschauung in ihrer späteren eschatologischen Ausweitung ist nun der Rahmen der Auferstehungserwartung, die sich, wie gesagt, erst in später Zeit in der israelitischen Überlieferung ausgebildet hat. Um das deutlich zu machen, möge man die folgenden beiden Texte unmittelbar nebeneinanderhalten:

Psalm 1: »Wohl dem Manne, der nicht wandelt im Rate der Gottlosen, noch tritt auf den Weg der Sünder, noch sitzt im Kreise der Spötter, sondern seine Lust hat am Gesetz des Herrn und über sein Gesetz sinnt Tag und Nacht. Der ist wie ein Baum, gepflanzt an Wasserbächen, der seine Frucht bringt zu seiner Zeit und dessen Blätter nicht verwelken, und alles, was er tut, gerät ihm wohl. Nicht so die Gottlosen; sondern sie sind wie die Spreu, die der Wind verweht. Darum werden die Gottlosen nicht bestehen im Gericht, noch die Sünder in der Gemeinde der Gerechten. Denn der Herr kennt den Weg der Gerechten; aber der Gottlosen Weg führt ins Verderben« (V. 1-6).

Daniel 12: »Zu jener Zeit wird sich Michael erheben, der große (Engel-)Fürst, der die Söhne deines Volkes beschützt, und es wird eine Zeit der Bedrängnis sein, wie noch keine gewesen ist, seit Völker bestehen, bis auf jene Zeit. Und in jener Zeit wird dein Volk errettet werden, ein jeder, der sich aufgezeichnet findet im Buche (des Lebens). Und viele von denen, die schlafen im Erdenstaube, werden erwachen, die einen zu ewigem Leben, die anderen zu Schmach, zu ewigem Abscheu« (V. 1 f.).

Die Aussagen des Psalms entsprechen völlig jenem alten Schema: Das Tun des Gerechten findet in heilvollem Leben, das Tun des Sünders in Verderben und Tod seine Vollendung. Nichts anderes nun sagt die Auferstehungsweissagung des Danielbuches, des frühesten eindeutigen Zeugnisses israelitischer Auferstehungshoffnung. Das Buch ist in den Wirren der Makkabäerkämpfe des zweiten vorchristlichen Jahrhunderts entstanden. Der syrische König Antiochus IV. hatte auf einem seiner Feldzüge Jerusalem erobert, den Tempel durch sein Betreten entweiht und den jüdischen Kultus verboten (Dan. 11,21 ff. – 168 vor Christus). Auf dies katastrophale Ereignis hin sammelten sich die verschiedenen Gruppen der Frommen, die einen unter Führung der Makkabäer zu einem Partisanenkrieg, der nach einigen Jahren auch zum Erfolg führte. Eine andere Gruppe lehnte offenbar den militärischen Widerstand ab, weil sie das Eingreifen Gottes in allernächster Zeit erwartete (vgl. Dan. 11,32-35). Aus diesem Kreis stammt die Danielapokalypse. In Israel gab es viele, die in den vorausgehenden Jahrhunderten dem Einfluß der griechischen Kultur so weitgehend erlegen waren, daß sie in den Kreisen der Frommen als Abtrünnige galten (Dan. 11,32). So erschien ihnen die gegenwärtige Katastrophe als durchaus verdient; ja sie sahen darin den Anfang der Endzeit; noch viel schlimmere Wirren werde es geben, der »König des Nordens« werde mit gesammelter Streitmacht gegen Jerusalem und den Tempel ziehen (Dan. 11,36 ff.): Da werde der Schutzengel Israels, Michael, vom Himmel her eingreifen und Gottes erwähltes Volk erretten (Dan. 12,1). Doch werden das nicht alle Israeliten sein, sondern nur wenige, die ihre Gerechtigkeit durch alle Wirren hindurch getreu bewahrt haben. Im himmlischen Buch Gottes sind sie als diejenigen verzeichnet, die am Ende allein leben sollen, während alle Frevler Verderben und Tod ereilen wird. Aber nicht nur die dann Lebenden, sondern überhaupt alle Israeliten, also auch die Gestorbenen, werden vor Gottes Richterstuhl treten. Dazu – so sagt V. 2 – werden sie vom Tode auferweckt und je nach ihrem Verhalten ewigem Leben oder ewiger Schmach überantwortet werden.

Die Auferweckung wird hier also als Voraussetzung zum Vollzug des Endgerichtes Gottes an denen, die bereits gestorben sind, erwartet. Ist für die Alten der Tod die selbstverständliche Grenze gewesen, innerhalb derer Gott die Entsprechung zwischen Tun und Ergehen verwirklichte, so hat die jüngere »Apokalyptik« die noch ausstehende, umfassende Erfüllung dieser Verwirklichung jenseits dieser Grenze gesucht. Denn Gottes Lebensmacht konnte doch durch den Tod letztlich nicht daran gehindert werden, die Zusage an seine erwählten Gerechten und den entsprechenden »Zorn« gegen alle Ungerechten endgültig zu erfüllen. Und so ist Dan. 12,2 nichts anderes als Ps. 1 in eschatologisierter Gestalt.

2. Auferstehung der Toten im Judentum

Mag die *Vorstellung* einer Auferstehung als wunderbare Wiederherstellung Toter zum Leben möglicherweise aus nichtjüdischer Religion in die jüdische eingeströmt sein – insbesondere die iranische Religion kennt eine profilierte Auferstehungslehre, deren Alter aber nicht genau zu bestimmen ist –, so ist doch jedenfalls anzumerken, daß der Vorstellungs*zusammenhang*, in dem von der Danielapokalypse an im Judentum von Auferstehung die Rede ist, und die *Funktion*, die der endzeitlichen Totenauferweckung in diesem Rahmen zukommt, spezifisch israelitisch sind. Nicht auf die Auferweckung als solche kommt es hier durchweg an, sondern vielmehr darauf, daß sich durch das Mittel der Auferweckung Gottes Endgericht an Gerechten und Frevlern vollziehen werde, so daß das Tun keines Menschen ohne die ihm entsprechende Folge in seinem Geschick bleibe. Das gilt vor allem im Blick auf die Israeliten als Angehörige des erwählten Gottesvolkes: An jedem von ihnen, der in seinem irdischen Leben die »Gerechtigkeit« bewahrt habe, werde Gott die anfängliche Zusage von Schutz und Heil für die Seinen vollenden. Das Interesse ist also durchweg nicht durch die Frage: Was wird aus unseren Toten? bestimmt, sondern durch die Frage: Was wird aus denen, die Gott erwählt, was wird aus der Macht und Ehre Gottes, die er in der Erwählung verpfändet hat? So kann man sagen: Die *Auferstehungs*frage steht, jüdisch gedacht, *im Kontext der Theodizeefrage.* Nur ist diese in einem letzten, tiefsten Sinne aufzufassen: als Frage nach der Bewährung dessen, was der Gott Israels für die Seinen zu tun versprochen hat. Wer Gott ist, das entscheidet sich für israelitischen Glauben daran, ob er die Macht und den Willen hat, seinem gegebenen Wort umfassend und vollendet Wirklichkeit zu verschaffen.

Von daher erklärt sich, daß wir in jüdischen Texten nicht nur im einzelnen recht verschiedenartige Vorstellungen von der endzeitlichen Auferstehung der Toten finden, sondern auch auf Zeugnisse stoßen, in denen von der Endzeit die Rede ist, ohne daß eine Auferstehung erwähnt wird. Die Struktur und Intention der Endzeiterwartung als solche aber ist durchweg die gleiche! Überall geht es um die endgültige Durchsetzung der Sache Gottes mit seinen Erwählten: darum, daß die bewährten Gerechten ewig-beständigem, durch keine Feinde mehr bedrohtem, konkret-heilvollem Leben anheimgegeben werden, alle Ungerechten dagegen ewigwährendem, nicht mehr rückgängig zu machendem, unheilvollem Tod.

a) Wir wollen ein paar Texte vorstellen, die keine Auferstehung kennen. Dazu ist das großartige Preislied auf Gottes Macht, seinem bedrängten Volk Frieden und Heil zu verschaffen, zu rechnen, das sich als später Einschub im Jesaia-Buche findet (Jes. 26). »Herr, du wirst uns Frieden schaffen, denn auch all unsere Taten hast du für uns vollbracht! O Herr, unser Gott, andere Herren als du haben uns beherrscht. Dich allein kennen wir, deinen Namen preisen wir. Tote werden nicht wieder lebendig, Schatten stehen nicht wieder auf; darum hast du sie heimgesucht und vernichtet und ausgetilgt all ihr Gedächtnis ... Herr, in der Not suchten sie dich, sie schrien, da deine Züchtigung sie bedrückte. Wie ein schwangeres Weib, wenn ihre Stunde kommt, sich windet und schreit in ihren Wehen, so waren auch wir durch dich, o Herr: Wir waren schwanger, wir wanden uns. Als wir gebaren, (da war es) Wind! Heil verschafften wir nicht dem Lande, und Erdenbewohner wurden nicht geboren« (V. 12-14.16-18). So vollständig vertrauen die Beter hier auf ihren Gott, daß sie einerseits ihre Feinde, die sie bedrängen, im Gebet bereits als Tote sehen, mit denen es für immer aus ist, andererseits aber auch sich selbst als Leute, die nichts vermögen. Und nun steigert sich die Hoffnung auf Gott in die folgende Aussage: »Deine Toten werden leben, werden auferstehen. Aufwachen und jubeln werden die Bewohner des Staubes. Denn Tau der Lichter ist dein Tau, und die Erde wird die Schatten wiedergebären« (V. 19). Hier wird die von Gott erbetene Hilfe in Kriegsnot in einem Bilde als wunderbarer Machtakt der Totenauferweckung gepriesen, durch den die Erde genötigt wird, die Schatten der Gestorbenen, die sie bewahrt, wieder herauszugeben. Der Gedanke ist gänzlich ähnlich wie in der Verheißung des Propheten Ezechiel (Kap. 37), der ebenso die Heilstat Gottes an seinem erwählten Volk im Bilde einer Auferweckung von Totengebein auf flachem Felde verheißt.

Entsprechend fordert der Apokalyptiker Henoch die Gerechten zur Hoffnung auf: Ihre Kinder werden sich erheben und wie Adler auffahren (vgl. Jes. 40,31), während die Sünder, die sie jetzt bedrücken, selbst gepeinigt werden (Henoch-Apokalypse 96). Und in der »Himmelfahrt des Mose« heißt es in einem Hymnus, der das endzeitliche Gericht Gottes besingt (10,1 ff.): Gott werde sich erheben, um die Heiden zu strafen; Israel aber wird verheißen: »Gott wird dich erhöhen und am Sternenhimmel schweben lassen.« Ist hier die Vorstellung die, daß Israel am Ende in den Himmel erhöht werden werde, um als die Gemeinde der ewig Geretteten der Vernichtung der Bösen, ihrer Feinde, auf Erden zuzuschauen, so erleben die Gerechten dasselbe nach der Vorstellung des Jubiläenbuches (23,29 ff.) auf Erden. Hier erscheint die selige Endzeit als Wiederherstellung der Väterzeit des Anfangs. So ist die Vorstellung überhaupt kein Problem, daß dann die Gebeine der toten Gerechten friedlich in der Erde ruhen und ihre Geister sich darüber freuen, daß Gott über seine Feinde Gericht übt und über seine Gerechten seine Gnade walten läßt (V. 31). Daß alle auferstehen, ist also keineswegs ein unabdingbarer Bestandteil der künftigen Heilsvollendung. Auch die Sekte der Essener von Qumran, deren Schrifttum nach dem letzten Krieg im Gebirge westlich des Toten Meeres gefunden worden ist, kennt offenbar keine endzeitliche Auferstehung. Einzig die Gnade Gottes, durch die sie, die Sünder waren, gleichwohl der auserwählten Heilsgemeinde der Endzeit zugezählt worden sind, wird als Akt der Totenauferweckung gepriesen (zum Beispiel 1. QH 11,12).

b) So wird man auch bei den Texten, die von einer endzeitlichen Auferweckung sprechen, sehr auf den Zusammenhang zu achten haben, in dem die Aussage ihren Sinn und ihre Funktion hat. Der oben besprochenen Stelle aus der Daniel-Apokalypse am nächsten steht ein Stück aus der Henoch-Apokalypse (Kap. 22). Auf einer visionären Wanderung durch abgelegene Gefilde der Erde, in denen die abgefallenen Engel gefangengehalten werden, gelangt Henoch auch zum Aufenthaltsort der Toten. Er sieht dort vier Hohlräume, von denen drei finster sind und einer licht (V. 1 f.). Der Engel, der ihn führt, erklärt ihm, es handele sich um verschiedene Aufenthaltsorte der Toten (V. 3 f.). Nach einem Zwischenstück (V. 5-7) erklärt der Engel, warum die Hohlräume voneinander getrennt sind. Zunächst ist der lichtvolle Raum von den drei finsteren getrennt, weil hier die Geister der Gerechten sich aufhalten (V. 9). Von den drei finsteren Räumen ist weiterhin der erste für die Sünder bestimmt, »die gestorben und begraben worden sind, ohne daß während ihres Lebens das Gericht über sie stattgefunden hat«; sie warten hier auf ihre Verdammung im zukünftigen Endgericht (V. 10f.). Der nächste Hohlraum ist für diejenigen bestimmt, die »in den Tagen der Sünder umgebracht worden sind« und nun deswegen vor Gott Klage erheben. Das sind die ermordeten Gerechten, deren Wortführer Abel im Zwischenstück (V. 5-7) vorweg bereits vorgestellt worden ist. Auch sie warten auf das Endgericht, nämlich auf die Bestrafung ihrer Mörder und auf den Lohn für ihre eigene Gerechtigkeit. Der letzte Hohlraum schließlich ist den Sündern vorbehalten, die mit den gesetzlosen Frevlern gemeinsame Sache gemacht haben (V. 12). Von ihnen heißt es: »Deren Geister werden am Tage des Gerichtes nicht bestraft und von hier nicht mit auferweckt werden« (V. 13).

Der Sinn dieser zunächst merkwürdig erscheinenden Auskunft ergibt sich, wenn man auf das Prinzip der Aufteilung der vier Gruppen von Toten achtet: Bei der zweiten und dritten handelt es sich eindeutig um solche, deren irdisches Geschick im Widerspruch zu ihren Taten steht und die darum im künftigen Endgericht einer Bereinigung ihres Falles entgegensehen; und zwar sind es einerseits Sünder, die das Unheil, das sie sich durch ihr Tun erwirkt haben, zeitlebens noch nicht ereilt hat, andererseits Gerechte, deren gewaltsamer Tod in schreiendem Widerspruch zu der Gerechtigkeit ihres Tuns steht. Demgegenüber ist im Blick auf die Toten der erstgenannten Gruppe von keinerlei für das Endgericht ausstehendem Ausgleich die Rede. Ihr lichter Aufenthaltsraum ist als ihre endgültige Ruhestätte zu denken. Sie haben also offenbar ein Leben geführt, das ihrer Gerechtigkeit entsprach, so daß sich mit ihrem Tode – wie es die alten Erzvätergeschichten sagen – ihr Leben einfach vollendet hat. Bemerkt man nun, daß sich in den beiden mittleren Gruppen Sünder und Gerechte gegenüberstehen, für die das Endgericht stattfinden wird, so wird man unschwer erkennen, daß entsprechend auch die zuerst und zuletzt genannte Gruppe zusammengehören. Denn wie für die Gerechten, so ist auch für die ganz und gar Ungerechten das Endgericht ohne Belang, wie ausdrücklich erklärt wird. Das ist sinnvoll nur, wenn man voraussetzt, daß es sich hier um Ungerechte handelt, die das ihrem Tun entsprechende Unheil schon bei ihren Lebzeiten ereilt hat. Sie bleiben am Ende der Finsternis, in der sie jetzt sind – ebenso wie für die Gerechten der Lichtort, an dem Henoch sie sieht, ihr ewiger Aufenthaltsraum ist. So wird erkennbar, daß diesem Abschnitt, der auf den ersten Blick wie viele apokalyptische Texte wirr und undurchsichtig erscheint, eine wohldurchdachte Gliederung unterliegt, deren Prinzip eben jene von uns zuvor beschriebene alte Anschauung von der Entsprechung zwischen Tun und Ergehen ist. Interessant ist nun dies: Die alte Vorstellung, nach der sich diese Entsprechung bei Lebzeiten der Menschen vollzieht, steht hier neben der jüngeren, nach der sie erst im künftigen Endgericht Gottes stattfinden werde. Und man sieht deutlich, daß diese als eine Ergänzung zu jener gedacht ist: Das Endgericht wird nur diejenigen betreffen, deren Tun bei ihren Lebzeiten noch nicht das entsprechende Geschick gefunden hat. Gott wird als der Endrichter nichts anderes tun, als was die alte Anschauung für das irdische Leben von ihm glaubte: Er sorgt dafür, daß Frevler das Unheil und Gerechte das Heil empfangen, das sie sich durch ihr Tun erwirkt haben. Die Enderwartung tritt also nicht dem alten, »diesseitig« begrenzten Glauben entgegen, wie man häufig annimmt; ihr Ziel besteht nicht in der Erwartung, das Ende werde einen totalen Abbruch alles Bisherigen herbeiführen. Vielmehr wird das Endgericht gleichsam als die endliche Begleichung aller noch offenstehenden Lebensrechnungen jenseits der Todesgrenze und also als die Vollendung der Menschheitsgeschichte erwartet. Und einen Abbruch des bisherigen Geschichtslaufes wird das Endgericht nur in dem Maße bewirken, in dem Frevler auf Erden Glück und Erfolg und Gerechte Bedrückung und Leiden erfahren. Gegenüber aller Disproportionalität zwischen Tun und Ergehen der Menschen in der bisherigen Geschichte wird das Endgericht allerdings einen Abbruch herbeiführen, darin aber die wahren Proportionen gerade sozusagen ins Lot, ins reine bringen.

Von hier aus kann man nun auch die Auferstehungsaussage verstehen, die im Schlußsatz so merkwürdig unvermittelt auftaucht. Wenn es nämlich heißt, daß die ganz und gar Bösen »nicht mit auferweckt werden«, dann ist dies im Sinne der Vorstellung von Dan. 12 aufzufassen, wonach Frevler wie Gerechte auferweckt werden, um vor Gottes letztes Gericht zu treten. Das ist bei jenen ganz und gar Bösen offenbar ebensowenig mehr nötig wie bei den zuerst genannten Gerechten. Da sich bei beiden der Ausgleich zwischen Tun und Ergehen schon in ihrem Leben vollzogen hat, entfällt für sie zusammen mit dem Gericht auch die Auferweckung. Wir haben aber von hier aus im Blick auf die beiden mittleren Gruppen zugleich zu ergänzen: Indem *sie* das künftige Gericht zu gewärtigen haben, wartet *ihrer* auch die Auferweckung. Die Auferweckung steht also in engstem Zusammenhang mit dem Endgericht; sie ist sozusagen dessen Zubringer. Und da dieser Zusammenhang in Hen. 22 so selbstverständlich im Sinne von Dan. 12 vorausgesetzt wird, ist anzunehmen, daß er in den damaligen apokalyptischen Kreisen eine allgemein verbreitete Grundvorstellung war.

Der Vollständigkeit halber muß aber auch hier darauf hingewiesen werden, daß sich dasselbe Schema der Entsprechung zwischen irdischem und eschatologischem Ausgleich, zwischen Tun und Ergehen andernorts auch ohne Auferstehungsaussage findet. In dem Abschnitt Hen. 102 bis 104 ist dieselbe Einteilung der vier Gruppen zu erkennen wie in Hen. 22; aber den leidenden Gerechten wird dort Heil und ihren bislang erfolgreichen Bedrückern Unheil verheißen, ohne daß eigens ausgeführt wird, als Voraussetzung dazu würden sie zunächst vom Tode auferweckt werden. Das beherrschende Interesse richtet sich darauf, daß Gott ganz ohne jeden Zweifel seine Heilszusage an seinen Erwählten verwirklichen und darum auch alle Abtrünnigen und Frevler dem verdienten Unheil preisgeben werde: Gott läßt sich die letzte Wacht darüber, daß Gerechtigkeit Leben und Ungerechtigkeit Tod nach sich zieht (Ps. 1), nicht durch den Lauf der Geschichte gleichsam aus der Hand winden, sondern wird sich zu seiner Zeit als der Herr über die Geschichte erweisen: Darauf zielt die jüdische Enderwartung.

c) Es entspricht nun diesem Interesse, daß in den meisten Texten, in denen die Vorstellung einer endzeitlichen Totenauferstehung auftritt, nicht von Sündern, die zum Gericht auferstehen, sondern nur von Gerechten, die zum Empfang des ihnen zustehenden heilvollen Lebens auferweckt werden, die Rede ist. So wird etwa im Testament Judas (Kap. 25) das Bild von der endzeitlichen Auferstehung des Stammvaters Jakob-Israel mitsamt seiner zwölf Söhne vor Augen gemalt. Diese werden zu Fürsten über die zwölf Stämme eingesetzt, die nunmehr ohne Sünde und Irrtum glücklich und in Frieden leben dürfen. »Und die in Traurigkeit gestorben sind, werden in Freude auferstehen; und die arm geworden sind um des Herrn willen, werden reich gemacht werden, und die Hungrigen werden gesättigt werden und die Schwachen stark werden; und die um des Herrn willen gestorben sind, werden erwachen im Leben« (vgl. auch Testament Benjamin 10; Testament Sebulon 10).

Nach Hen. 91,10f. und 92,3-5 werden die Gerechten aus dem Todesschlaf auferstehen und von Gott die unbeschränkte Möglichkeit zu gerechtem Wandel bekommen, während alle Sünder in die äußerste Finsternis verbannt werden sollen. Wie man sich das vorzustellen hat, schildert Hen. 51: »In jenen Tagen wird die Erde die, welche in ihr angesammelt sind, zurückgeben, und auch die Totenwelt wird wiedergeben, was sie empfangen hat, und die Hölle wird, was sie schuldet, herausgeben. Er wird die Gerechten und Heiligen unter ihnen auswählen, denn der Tag ihrer Erlösung ist nahe« (V. 1f.). Hier wird übrigens auch der Messias genannt, der »Auserwählte« Gottes, der als Gottes Statthalter unter den auferweckten Gerechten regieren wird, doch ist von ihm nicht ausdrücklich als von einem der auferweckten Gerechten die Rede.

Der Zusammenhang mit der Gerichtserwartung tritt in der Schilderung der Esra-Apokalypse besonders deutlich hervor: Nach entsetzlichen Katastrophen, mit denen die Endzeit eingeleitet wird, erscheint vom Himmel her die heile, endzeitlich-vollkommene Stadt Jerusalem und kommt auf die Erde herab, und vierhundert Jahre lang wird darin der Messias mit den aus den Wirren übriggebliebenen Gerechten regieren. Dann wird er mit ihnen allen zusammen sterben, und die Welt wird sich sieben Tage lang in das Schweigen der Urzeit verwandeln. Dann beginnt die Ewigkeit. Sie setzt ein mit einer allgemeinen Totenauferstehung, der das Gericht Gottes folgt, vor dem nur die glaubenstreuen Gerechten Bestand haben, die Sünder dagegen vergehen müssen (7,26-44). Ähnliches ist in der Baruch-Apokalypse zu lesen. Nur kehrt der Messias dort, statt zu sterben, in den Himmel zurück: »Alsdann werden alle die, die in der Hoffnung auf ihn entschlafen sind, auferstehen. Und es wird zu jener Zeit geschehen: Auftun werden sich die Vorratskammern, in denen die Zahl der Seelen der Gerechten aufbewahrt worden ist, und sie werden herausgehen; und die vielen Seelen werden alle auf einmal als eine Schar eines Sinnes zum Vorschein kommen. Und die ersten werden sich freuen und die letzten sich nicht betrüben. Denn es weiß ein jeder, daß die Zeit herbeigekommen ist, von der es heißt, daß es das Ende der Zeiten ist. Die Seelen der Gottlosen aber werden, wenn sie dies alles sehen, alsdann ganz vergehen; denn sie wissen, daß ihre Peinigung sie erreicht hat und ihr Untergang herbeigekommen ist« (30,1-5).

d) Von der Auferweckung der *Seelen* der Gerechten ist hier die
Rede. Sie werden wie Schlafende geweckt, daß sie aufstehen und
ihre Gräber verlassen, während die Seelen der Frevler in ihren
Gräbern verbleiben müssen (vgl. Jubil. 23 oben S. 86). Ist die
Vorstellung also die, daß an eine *leibliche* Auferstehung gar nicht
gedacht ist, vielmehr an ein Geschick im rein geistigen Bereich?
Wie die Auferstehungserwartung überhaupt, so ist besonders dieser Aspekt zu keiner präzisen Vorstellung ausgeführt worden.
Gleichwohl würde man die Texte mißverstehen, wenn man sie so
auffaßte, als ob die »rein geistige« Seinsweise der Auferstandenen
von der »körperlichen« Seinsweise ihres vorangegangenen Lebens
unterschieden sei. Der Ton liegt nicht darauf, daß es sich nur um
die Seelen handle, die ohne Leib auferstehen, wie dies etwa der
platonische Sokrates als Vorteil des leiblichen Sterbens gepriesen
hat, daß der Tod die Seele des Menschen von dem ihr unangemes-
senen, sie beschränkenden Hemmnis des Körpers befreie. So weit
verbreitet dieserart Leibverachtung gerade in neutestamentlicher
Zeit in der damaligen hellenistischen Welt war – einem Juden war
sie unzugänglich. Zu irdisch konkret war hier die Lebenserfahrung,
zu irdisch konkret auch das Gottesverhältnis, als daß das letzte,
vollkommene Heil, das Gott seinen Auserwählten zugedacht habe,
so abstrakt hätte gedacht und erwartet werden können.
So werden wir in der Rede von der Auferstehung der »Seelen« oder
»Geister« nicht mehr als einen ganz naiven, unbekümmerten
Gebrauch der allgemeinen volkstümlichen anthropologischen Vorstellung erblicken dürfen. Nach ihr ist der Mensch ein beseelter,
belebter Leib, nicht eine mit einem Leib umgebene Seele. Der
moderne Mediziner kann an der alttestamentlichen Anthropologie
nur seine helle Freude haben. Die psychologischen Begriffe haben
allesamt somatischen Bezug und somatische Funktion, wie umgekehrt auch eine reine Körperlichkeit für den Israeliten undenkbar
ist; denn der Mensch als ganzer, mit Seele und Leib, *ist* »Fleisch«!
Wie die Seele das den Leib beseelende Leben ist, so ist der Leib das
Aktionsarsenal der Seele; Leib und Seele gehören aufs innigste
zusammen. Entsprechend ist nur der leibhaftig-lebendige Mensch
im eigentlichen Sinne Mensch; und Gott ist ein Gott der Lebenden,
nicht der Toten. Die Toten werden als entkräftete, dahinschwin-
dende, gewesene Lebendige aufgefaßt, die der Wirklichkeit des

Lebens entrückt, mit sich allein sind. Höchst bezeichnend und eindrucksvoll zugleich heißt es etwa im Hiobbuch: »Wenn ein Mensch gestorben ist, kann er wohl wieder aufleben? ... Bezwingst ihn endlich, er muß von hinnen, entstellst sein Antlitz und schickst ihn fort. Ob geehrt seine Söhne, er weiß es nimmer; ob sie verachtet, er merkt es nicht. Sein Leib fühlt Schmerzen nur um ihn selber, und seine Seele klagt nur um ihn« (14,20-22; Übersetzung nach Hölscher).

Wer so vom Menschen denkt, der erwartet nicht ein abstrakt-leibloses Dasein als Vollendung der Heilsverheißung seines Gottes. Und wenn in den meisten Auferstehungstexten des Judentums auch eine Erörterung über das Wie der Auferstehung mitsamt einer klaren anthropologischen Vorstellung fehlt, so sprechen doch die Aussagen über die Heilszukunft der endzeitlich Auferstandenen eine hinreichend realistische Sprache. Es wird ein Heil erwartet, das zwar alle bisherige Heilserwartung bei weitem übersteigt, aber das »transzendenteste« Heil wird auf jeden Fall als höchst konkret den lebendigen Menschen selbst betreffend erwartet.

Obwohl die Leiblichkeit der Auferstehung nie eigens zum Thema erhoben wird, ist das auch dort nicht der Fall, wo sie einmal ausdrücklich dargelegt wird, in der Baruch-Apokalypse (Kap. 49 bis 51). Der Seher geht hier davon aus, daß Gott Gerechte wie Ungerechte zu seinem Gericht auferwecken werde (vgl. Dan. 12,1; Hen. 22 und die ähnlichen Texte). Ihn bewegt aber die Frage, ob denn Sünder überhaupt durch Auferweckung in ihren Leib, mit dem sie gesündigt haben, zurückkehren können. Hat doch die Sünde den von Gott geschaffenen Leib geschändet! Wird also Gott bei der endzeitlichen Totenauferstehung die Leiber nicht verwandeln müssen? Nun, die Antwort Gottes bejaht dies, doch sie unterscheidet zwischen Auferstehung und Gericht: In einem ersten Akt werden alle Toten in eben der Gestalt, in der sie gelebt und gehandelt haben, auferweckt werden; die Menschen werden sich vollzählig so wiedersehen, wie sie gewesen sind. Denn über sie alle soll Gottes Gericht im Blick auf das ergehen, was sie in ihrem leiblichen Erdenleben getan haben. Und je nachdem Gott sie als Gerechte oder als Sünder erkennen wird, wird er sie dann in einem zweiten, nachfolgenden Akt verwandeln, so daß ihre Gestalt nunmehr dem endzeitlich-vollkommenen Geschick entspricht, an das der Richter sie anheimgegeben hat. Die Gerechten werden dann in strahlender Schönheit erscheinen, die Sünder häßlich und abscheulich aussehen. Die Ästhetik steht hier ganz im Dienst theologischer Reflexion, denn es geht hier darum, daß die Anheimgabe der Gerechten an das vollendete Heil Gottes sich bis hinein in ihr leibliches Aussehen auswirkt und entsprechend ebenso die Anheimgabe der Sünder an die ewige Verdammnis. Der durchgreifenden Scheidung von Gerechtigkeit und Frevel in Gottes Endgericht entspricht eine Steigerung der leiblichen Verfassung der Menschen; das Gute wirkt sich in strahlender Schönheit, das Böse demgegenüber in ekelerregender Häßlichkeit aus. So zeigt diese Reflexion eines jüdischen Theologen aus verhältnismäßig später Zeit (ausgehendes erstes Jahrhundert nach Christus), wie selbstverständlich das Heil und Unheil, das den Menschen nach ihrer Auferstehung durch Gottes Gericht zuteil werden wird, als leibhaftig-konkret aufgefaßt und ernst genommen worden ist.

e) Versuchen wir, die bisherigen Ergebnisse unseres Überblicks auf die entsprechenden Aussagen des Neuen Testamentes zu beziehen! Es ist ganz unverkennbar, daß die urchristliche Erwartung einer endzeitlichen Auferstehung der Toten durch und durch jüdisch geprägt ist. Das gilt zuerst und vor allem für Paulus. Genau wie den besprochenen jüdischen Autoren ist es auch ihm eine selbstverständliche Vorstellung, daß in der Zukunft Gottes Endgericht stattfinden wird (vgl. Röm. 2,6ff.) und in diesem Zusammenhang die Toten auferweckt werden (2. Kor. 5,10). Auch für ihn ist Gott der Allmächtige, »der die Toten lebendig macht und das Nichtseiende ins Sein ruft« (Röm. 4,17), eine Formulierung, die deutlich an die beiden ersten Preisungen des oben angeführten jüdischen Tagesgebetes anklingt.
Freilich hat er Mühe, seine heidenchristlichen Gemeinden mit diesem jüdischen Erwartungserbe vertraut zu machen. Denn im Unterschied zu ihm ist ihnen die Hoffnung auf eine künftige Auferstehung keineswegs selbstverständlich. Aus Thessalonich hat man ihn angesichts der ersten Todesfälle in der Gemeinde besorgt gefragt, ob die gestorbenen Brüder also an der bevorstehenden Vereinigung der Christen mit Christus nicht teilhaben werden. Er sucht sie zu trösten und von dieser Beunruhigung zu befreien, indem er ihnen darlegt, daß bei Anbruch der Endereignisse, wenn Christus als Triumphator zur ewigen Vereinigung mit den Seinen vom Himmel herabkommen werde, die gestorbenen christlichen Brüder auferstehen und an der Spitze des Zuges der Erlösten dem

Herrn zu seiner feierlichen Einholung entgegengehen werden (1. Thess. 4,13-18). Er gibt ihnen also dieselbe Antwort, die auch in der Baruch-Apokalypse zu lesen ist: »Die vielen Seelen werden alle auf einmal, als eine Schar eines Sinnes zum Vorschein kommen, und die ersten werden sich freuen und die letzten sich nicht betrüben« (30,2); und wie der Seher in der Henoch-Apokalypse (92,2) tröstet auch Paulus seine Gemeinde im Blick auf die bevorstehende Auferstehung. Wenn er freilich die Erwartung der Auferweckung der gestorbenen Brüder mit dem Glauben an Christi Auferweckung zu begründen sucht (1. Thess. 4,14), so hat das keine ähnlich eindeutige Parallele in den jüdischen Texten. Doch ist immerhin darauf hinzuweisen, daß auch der jüdische Apokalyptiker eine spezielle Heilshoffnung des Gerechten auf eine Auferstehung zum Leben kennt, die sich auf den Messias richtet: In der Baruch-Apokalypse (30,1; s. o. S. 90f.) heißt es, daß die, »die in der Hoffnung auf ihn entschlafen sind«, die endzeitliche Auferweckung erfahren werden. Und so kann Paulus im 1. Korintherbrief, ganz und gar jüdisch, die entsprechende negative These vertreten: Wenn die Toten nicht auferstehen, »dann wären die in Christus Entschlafenen verloren. Hätten wir allein in diesem Leben unsere Hoffnung auf Christus (man kann hier geradezu übersetzen: auf den Messias) gesetzt, so wären wir die elendesten unter allen Menschen« (15,18f.). Wenn er dagegen dann mit bemerkenswerter Gewißheit das Gegenteil als die uns bevorstehende Wahrheit verkündigt (vgl. auch 1. Petr. 1,21), so hat wiederum ein wesentliches Motiv eine genaue Entsprechung in jüdischer Überlieferung: Wie nämlich Paulus erwartet, daß Christus dann herrschen wird, umgeben von den Seinen, und Gott ihm alle Feinde unterwerfen werde (1. Kor. 15,25), so erwarten es die Verfasser der Esra- und Baruch-Apokalypse ebenfalls – freilich nur von denen, die bei der Erscheinung des Messias am Leben sind (IV. Esr. 7,27f.; Apk. Bar. 29,3-30,1). Aber auch Paulus will ja im Thessalonicher- wie im Korintherbrief als die besondere Hoffnung der Christen herausstellen, daß *ihre* Toten bereits beim Kommen Christi auferweckt würden, um mit den Lebenden zusammen an seiner endzeitlichen Herrschaft teilzuhaben. Von einer *allgemeinen* Totenauferweckung spricht er nicht.

Auch seine Vorstellung von der Wirkungsweise der Auferweckung auf den Leib der Menschen entspricht derjenigen der Baruch-Apokalypse (49-51; s. o. S. 92f.): Die Toten werden »unvergänglich«

auferstehen und die Lebenden in die gleiche Unvergänglichkeit ihres Leibes in herrlicher Schönheit verwandelt werden (1. Kor. 15,52). Ebenso hat der Apokalyptiker darauf abgehoben, daß die Gerechten, die dem ewigen Leben anheimgegeben werden, in ihrer leiblichen Existenz »verherrlicht« werden (51,3). Denn er ist davon überzeugt, daß die gegenwärtigen Leiber, »mit denen die Sünden vollführt werden« (49,3), ohne Verwandlung nicht den Glanz der ewigen Herrlichkeit zu bewahren vermögen (V. 2) – so wie Paulus sagt: »Fleisch und Blut können das Reich Gottes nicht zum Erbe empfangen, und die Vergänglichkeit nicht Unvergänglichkeit erben« (1. Kor. 15,50). Dennoch *wird* – so lautet der Inhalt des göttlichen »Geheimnisses«, das er seinen Korinthern zum Schluß mitteilt – »dieser vergängliche Leib Unvergänglichkeit und dieser todhaltige Leib Unsterblichkeit anziehen« (V. 53), genauso wie nach der Baruch-Apokalypse (51,3) die jetzt Gerechten durch ihre künftige Verwandlung in Herrlichkeit »die unsterbliche Welt, die ihnen verheißen ist, empfangen können«. Und da Paulus die Christen durch ihre Verbindung mit ihrem auferstandenen Herrn bereits jetzt der endzeitlichen Herrlichkeit leibhaft teilhaftig weiß, warnt er sie um so nachdrücklicher, ihren Leib durch Verkehr mit Huren zu »schänden«, das heißt, die ihnen leiblich zuteilgewordene »Ehre« der Teilhabe an Christi verherrlichtem Auferstehungsleib durch sexuelle Teilhabe am Leib der Prostituierten auszulöschen (1. Kor. 6,12-20).

Wenn ferner Mark. 12,26f. die Auferstehung der Toten dadurch begründet wird, daß Gott, der Abraham, Isaak, und Jakob erwählt habe, »ein Gott der Lebendigen und nicht der Toten« sei, so entspricht das, wie wir sahen, wiederum dem im jüdischen Achtzehnbittengebet ausgesprochenen urisraelitischen Gottesglauben. Lukas geht sogar so weit, daß er Paulus im Grunde als Vertreter der pharisäischen Auferstehungshoffnung vom Hohen Rat verfolgt und angeklagt erscheinen läßt (Apg. 23,6f.; vgl. 24,14f.; 26,6f.21 bis 33): So sehr konnte sich bereits für den Aspekt der nachpaulinischen Generation die Mitte des eigenen christlichen Glaubens als die christlicherseits vertretene Mitte der jüdischen Glaubensüberlieferung darstellen, daß die Juden in den Christen die Repräsentanten ihrer eigenen zentralen Auferstehungshoffnung verfolgen. Daran ist immerhin so viel richtig, daß sich in der Tat die urchristliche Auferstehungshoffnung mitsamt ihrem eschatologischen Erwartungshorizont als durch und durch jüdisches Erbe erweist.

3. Die Auferweckung des Messias Jesus im Rahmen jüdischer Auferstehungserwartung

a) Haben wir somit durch die jüdischen Texte die wesenhaft jüdische Beheimatung der christlichen Auferstehungshoffnung erkannt, ohne deren Verständnis die christlichen Aussagen nicht zu verstehen sind, so fällt unser Ergebnis doch zugleich im Blick auf das Zentrum urchristlichen Glaubens, die *Auferweckung Christi*, enttäuschend aus. Denn nirgendwo sprechen die jüdischen Texte von der Auferweckung eines einzelnen, die vor der endzeitlichen Auferweckung der Gerechten, unterschieden und getrennt von dieser, bereits geschehen wäre; nirgendwo hängt dort auch die endzeitliche Heilsteilhabe der Gerechten von ihrer Zugehörigkeit zum Messias ab, der vorweg als »Erster der von Gott Auferweckten« (1. Kor. 15,20) auferstanden ist. Eben dies ist aber für die urchristliche Heilshoffnung durchweg charakteristisch. Zwar kann Paulus – ganz jüdisch – sagen, daß es auch die Auferweckung Christi nicht gäbe, wenn die These der Gegner in Korinth stimme, daß es grundsätzlich eine Auferstehung der Toten nicht gebe (1. Kor. 15,12 ff.). Er zeigt damit sehr pofiliert, daß die christliche Grundverkündigung der Auferstehung des gekreuzigten Messias (1. Kor. 15,3 f.) ihren Horizont in der jüdischen Auferstehungshoffnung hat. Das Ereignis der Auferweckung Christi erscheint ihm als der vorweggenommene Anfang der endzeitlichen Totenauferweckung. In der nahen Endzeit wird ihr die Auferweckung der Christen folgen (1. Kor. 15,23 f.). Aber eben eine solche vorweggenommene Sonderauferweckung des endzeitlichen Heilsmittlers scheint das Judentum nicht zu kennen.

Was wir allein gefunden haben, ist die Erwartung, daß die Gerechten auferweckt werden, wenn der Messias erscheint. Nach Hen. 51,3.5 ist der Thron des Messias der Mittelpunkt des Lebens der auferweckten Gerechten und die Quelle ihrer Heilsfreude. Und wenn auch nach der Vorstellung der Esra- und Baruch-Apokalypse nur die Lebenden die erste Herrschaftszeit des Messias mit ihm teilen (s. o. S. 90 f.), so sterben diese nach Apk. Bar. 30,1 doch danach »in der Hoffnung auf ihn«, und das heißt: Bei seiner darauffolgenden, zweiten, endgültigen Erscheinung – nämlich der zum Gericht – werde der Messias die Gerechten dem ewigen heilvollen Leben anheimgeben. Das entspricht durchaus der urchristlichen Hoffnung, daß der auferstandene Christus sich als ihr

Retter vor dem Zorngericht Gottes erweisen werde (1. Thess. 1,10), so daß sie im Glauben an ihn auf ihre Teilhabe am künftigen Endheil Gottes hoffen dürfen (1. Petr. 1,3 ff.). Ja, nach Apk.Esr. 7,29 (s. o. S. 90) wird der Messias am Ende seiner ersten Herrschaftsperiode von 400 Jahren (vgl. Offb. 20,4-6!) zusammen mit »allen, die Menschenodem haben« selbst sterben; und daraus ist zu schließen, daß er also nach den sieben Tagen des »Schweigens der Urzeit« (V. 30 f.) auch mit zu den dann Auferweckten gehört (V. 32). Aber das wird dort leider nicht gesagt. Das darauffolgend geschilderte Endgericht (V. 33 ff.) wird von Gott selbst vollzogen; der Messias hat dabei keinerlei Funktion mehr (vgl. ebenso Offb. 20,11 ff.!). Es sind hier also wahrscheinlich zwei verschiedene Vorstellungen sekundär zusammengearbeitet worden: eine von der Herrschaft des Messias und eine vom Endgericht Gottes; die Auferstehungserwartung gehört zur letzteren und hat mit der Messiashoffnung nichts zu tun.

Die Vorstellungen sind also gerade dort, wo das Interesse der urchristlichen Aussagen sich konzentriert: bei dem Zusammenhang zwischen der Auferstehung des Messias und der Auferweckung und Heilsteilhabe der Seinen, in jüdischer Überlieferung ganz spärlich und unausgeglichen. Man sieht zwar gewisse Ansätze, von denen aus sich die christlichen Aussagen gebildet haben können. Aber wenn dies die einzige Brücke wäre, die von der jüdischen Auferstehungshoffnung zum christlichen Glauben an den auferstandenen Messias führt, so wäre sie höchst schmal und gebrechlich, kaum geeignet, die Entstehung des urchristlichen Osterglaubens zu erklären, der eben im Entscheidenden *Christus*glaube ist.

b) Es gibt nun aber noch zwei andere Spuren in jüdischer Überlieferung, die wir im Blick auf unsere Frage verfolgen müssen. Die erste führt uns zu dem mutmaßlichen Ursprung der Vorstellung von der Erscheinung des Messias unter den auferweckten Gerechten der Endzeit, die wir Hen. 51 gefunden haben (s. o. S. 90). Am Ende des Abschnittes der sogenannten »Bilderreden«, dem Kap. 51 zugehört, findet sich ein Anhang (Kap. 70 bis 71), der wahrscheinlich ein ursprünglich eigenes Überlieferungsstück darstellt. Das kann man daran erkennen, daß offensichtlich dasselbe Stück an anderem Ort im Henochbuch (14,8 ff.) für einen anderen Zusammenhang bearbeitet worden ist. – Hier wird nach 1. Mose 5,24 von einer wunderbaren Entrückung Henochs mitten aus seinem irdischen Leben heraus erzählt. Er wird zum Messias, der hier wie an einigen Stellen der voranstehenden Bilderreden »der Menschensohn« heißt, und damit zu Gott erhoben (70,1 f.). Das ist die Überschrift über den folgenden Selbstbericht Henochs. Zunächst gelangt er zum »Ort für die Auserwählten und Gerechten« (V. 3) und sieht »die Väter und die Früheren und die Gerechten« (V. 4). Dabei ist sicherlich an etwas Ähnliches zu denken wie jener lichte Hohlraum, von dem Hen. 22 als ewigem Aufenthaltsraum für die Gerechten die Rede ist (s. o. S. 86 ff.). In einer zweiten Entrückung wird er dann in den Himmel emporgehoben (71,1). Dort sieht er die Engel und zwei Feuerströme und fällt vor Gott nieder (71,1 f.). Der Erzengel Michael zeigt ihm alle »Geheimnisse«, das heißt alle himmlischen Gegebenheiten im Bereich Gottes, die menschlich-irdischer Erkenntnis unzugänglich sind. Er sieht die Thronwächter Gottes und die Myriaden von Engeln, die den Hofstaat Gottes bilden (71,3-8). Nun tritt Gott, umgeben von seinen Engeln, aus seinem himmlischen Haus zu Henoch heraus; er fällt abermals zu Boden, und mit »verwandelter« Stimme bricht er in Lobpreis aus (71,9-12). Da tritt Gott zu ihm, »und mit seiner Stimme grüßte er mich und sprach zu mir: Du bist der Menschensohn, der du geboren wurdest zur Gerechtigkeit, und Gerechtigkeit wohnt über dir, und die Gerechtigkeit des Hauptes der Tage wird dich nicht verlassen« (71,14).

Diese Anrede an Henoch gleicht der an Jesus bei seiner Taufe (Mark. 1,11; vgl. 9,7), die himmlische Szene aber der entsprechenden Schilderung der Erscheinung Christi als des »geschlachteten Lammes« in der Offenbarung Johannes (4 f.); und sicher ähnlich hat sich das Urchristentum durchweg die Erhöhung Christi vorgestellt (Phil. 2,9-11; Röm. 1,4; s. o. S. 27 ff.). Mit der Anrede als »jener Menschensohn« wird Henoch offenbar in die Stellung und Funktion des himmlischen Messias eingesetzt, von dem in den voranstehenden Bilderreden vielfach die Rede war. So ist ja bei der Beschreibung der himmlischen Szene (71,1 ff.) auch vom Menschensohn an Gottes Seite (70,1) nicht mehr die Rede. Indem Henoch »zu jenem Menschensohn« entrückt worden ist, ist er in dessen Rolle eingetreten. So ruft Gott ihm den ewigen Frieden zu (71,15) und verkündet seine Funktion: »Jeder wird gehen auf deinem Weg, während Gerechtigkeit dich nicht verlassen wird in Ewigkeit; bei dir wird ihre Wohnung sein und bei dir ihr Teil. Von dir werden sie nicht getrennt werden in Ewigkeit und in Ewigkeit der Ewigkeit. Und so wird sein die Länge der Tage bei jenem Menschensohn, und Friede wird sein für die Gerechten und der wahre Weg für die Gerechten im Namen des Herrn der Geister in Ewigkeit der Ewigkeit« (71,16f.). Henoch wird hier als der vollendete Gerechte beschrieben, bei dem sich alle Gerechten einst versammeln sollen. Sofern sie noch auf Erden sind, ist er ihre Hoffnung und das Ziel ihres Weges; im Aufblick zu ihm haben sie bereits jetzt vor Augen, was aus ihnen als bewährten Gerechten in Ewigkeit werden soll: Er ist das himmlische Vorbild dafür, wie die endzeitlich-ewige Verwirklichung des Heiles sein wird, das die Gerechten als das ihrem Tun entsprechende Geschick zu erwarten haben. Er ist der erste vollendete Gerechte – wie der auferstandene Christus nach 1. Kor. 15 der erste der endzeitlich Auferweckten und als solcher der himmlische Garant des den Christen zustehenden Endheiles ist (1. Petr. 1,3ff.)! Die Funktion also, in die der erhöhte Henoch von Gott im Himmel eingewiesen wird, entspricht der Funktion des erhöhten Christus. Und daß hier eine Beziehung tatsächlich besteht, zeigen die vielen Sprüche Jesu in der Evangelienüberlieferung, in denen sich Jesus als der kommende Menschensohn darstellt (vgl. besonders Luk. 12,8f.; Matth. 19,28). Mark. 14,62 bekennt sich Jesus vor dem Hohen Rat ausdrücklich als den Menschensohn von Dan. 7,13, der im Himmel zum Herrscher eingesetzt ist (nach Ps. 110,1); und so sieht ihn der Märtyrer Stephanus im Augenblick vor seinem Tode (Apg. 7,55f.). Jedoch: Henoch wird durch eine Entrückung mitten aus seinem irdischen *Leben* heraus zum himmlischen Menschensohn erhöht – Jesus aus seinem *Tode*. Doch von einer Auferstehung als Voraussetzung der Einsetzung in die Funktion des im Himmel thronenden Heilsmittlers ist in Hen. 70f. ebensowenig die Rede, wie die jüdischen Auferstehungszeugnisse die Vorstellung von einer Auferstehung des Messias kennen.

c) Durch eine zweite Spur kommt man aber noch einen Schritt weiter. Nach Hen. 70,2 ist Henoch »im Wagen des Geistes« gen Himmel gefahren. Die Entrückung Henochs aus 1. Mose 5,24 ist darin der Elias aus 2. Kön. 2,11 angeglichen worden. Auch sonst treten in jüdischer und altchristlicher Überlieferung Henoch und Elia als die beiden biblischen Entrückten nebeneinander – als dritter in diesem Bunde tritt manchmal noch Mose hinzu (vgl. Mark. 9,4). Nun wird von Mose und Elia als den »zwei Zeugen« in der

Offenbarung Johannes Kap. 11 etwas sehr Merkwürdiges berichtet: Sie treten zusammen auf, und die biblischen Wunder der beiden aus der alten Zeit wiederholen sich in der Endzeit; so sind sie unüberwindlich (V. 5 f.). Nach Vollendung ihres Zeugnisses aber tritt das »Tier aus dem Abgrund« gegen sie an und besiegt und tötet sie (V. 7). Ihre Leichname werden in der Stadt auf offener Straße unbestattet liegenlassen vor aller Augen, und die Potentaten der Erde tauschen darob Glückwunschadressen miteinander aus (V. 8-10): »Und nach dreieinhalb Tagen kehrte der Lebensgeist von Gott her in sie zurück, und sie stellten sich auf ihre Füße, und ein großer Schrecken befiel alle, die es sahen. Und sie hörten eine gewaltige Stimme aus dem Himmel zu ihnen sprechen: Kommt herauf! Und sie fuhren hinauf zum Himmel auf der Wolke, und ihre Feinde mußte es mitansehen« (V. 11 f.).

Dies Stück ist seit alters ein Rätsel für die Ausleger; und so hat man eine Fülle von Deutungen vorgetragen, zum Beispiel die, der Seher wolle hier im Bilde Elias und Moses die beiden Märtyrerapostel Petrus und Paulus vor Augen führen. Aber die einzige Stelle in diesem ganzen Abschnitt, von der aus sich diese Deutung allenfalls erwägen ließe, ist die Bemerkung V. 8: Die Stadt des Martyriums der beiden Zeugen sei der Ort, »wo auch ihr Herr gekreuzigt worden ist«, also Jerusalem. Danach scheint es in der Tat so, als ob der Verfasser der Offenbarung mit den beiden Zeugen bestimmte Christen meint. Aber wie merkwürdig ist es dann, daß er diese beiden nicht nur im Tode, sondern auch in der Auferweckung und Himmelfahrt das gleiche Schicksal erfahren läßt wie Jesus, ihren Herrn! Das ist in der gesamten urchristlichen Überlieferung einmalig und fällt völlig aus dem Rahmen, da sonst durchweg von der Auferstehung der Christen als von einem zukünftig-endzeitlichen Geschehen die Rede ist. Vielleicht meint es der Verfasser auch so – dann wäre das Stück als eine prophetische Weissagung des bevorstehenden Martyriums der beiden zu verstehen. Aber auch dann wäre der Widerspruch mit der sonstigen christlichen Überlieferung so groß, daß man sich nicht zu erklären weiß, wie ein Christ des ausgehenden ersten Jahrhunderts diesen Abschnitt aus freien Stücken gebildet haben kann.

Alle Schwierigkeiten entfallen jedoch, sowie man darin ein jüdisches Überlieferungsstück sieht, das der christliche Autor übernommen und auf christliche Verhältnisse übertragen hat. In der Tat findet sich ja sonst im ganzen Abschnitt gar nichts spezifisch

Christliches. Auch die Auferstehung nach dreieinhalb Tagen ist sicherlich keine Analogiebildung zur christlichen Aussage von Jesu Auferstehung »am dritten Tag« bzw. »nach drei Tagen«. Wir haben vielmehr eine ursprünglich jüdische Auferstehungsaussage vor uns (vgl. Dan. 12,7.13), die sich gegen die Einordnung in das Aussagengefüge der christlichen Überlieferung nachdrücklich sperrt. Dann aber sind Mose und Elia gemeint, die ja auch sonst in der apokalyptischen Eschatologie eine große Rolle spielen. Daran ist für uns besonders interessant, daß hier der Entrückung der beiden aus ihrem Leben heraus in den Himmel ein Leidensgeschick vorangeht, das in ihrem Tod und ihrer darauffolgenden Auferstehung gipfelt.

Wie es dazu gekommen ist, läßt sich nur erahnen. Es gibt in jüdischer Überlieferung seit alters die Vorstellung, daß Gott Israel Propheten gesandt habe, die von Israel aber abgewiesen, ja verfolgt und getötet worden seien. Auch in urchristlicher Überlieferung findet sich dies Motiv mehrfach (vgl. etwa Matth. 23,29ff.); und die Passion Jesu hat man in alter Zeit als den Höhepunkt dieses Leidensgeschicks aller Gesandten Gottes aufgefaßt (vgl. zum Beispiel 1. Thess. 2,15; Apg. 7,51ff.). Nicht nur Elia, sondern besonders auch Mose gelten nun als von Gott gesandte Propheten (zu Mose vgl. besonders 5. Mose 18,15). So lag es nahe, das Motiv vom Todesleiden der Propheten auch auf sie zu übertragen (vgl. 1. Kön. 19,10ff.; Apg. 7,35). Verband man dann aber die Aussage von ihrer Entrückung mit der über ihren Tod, so war das faktisch nur so möglich, daß man die eschatologische Auferstehungsvorstellung hier einfügte – zumal es sich ja in Offb. 11 um einen Geschehenszusammenhang kurz vor dem Einbruch des Endes handelt.

Daß Elia vor dem Ende auf die Erde zurückkehren werde, »um alles zurechtzubringen«, erwartete man seit Mal. 3,23. Darauf bezieht sich auch die Frage der Jünger an Jesus Mark. 9,11: »Warum sagen die Schriftgelehrten, Elia müsse zuerst (nämlich vor Anbruch des Endes) kommen?« Die Antwort Jesu ist sehr merkwürdig: »Gewiß wird Elia zuerst kommen und alles zurechtbringen. Und wie heißt es in der Schrift vom Menschensohn, er werde vieles leiden und verachtet werden? Aber ich sage euch: Elia ist schon gekommen, und sie haben mit ihm gemacht, was sie wollten, wie über ihn geschrieben ist« (Mark. 9,12f.). Das ist ursprünglich auf Johannes den Täufer bezogen; Jesus sagt, in ihm sei die erwartete Rückkehr Elias Ereignis geworden, an ihm aber hätten die Juden gehandelt wie zuvor an allen Propheten. Nun entspinnt sich dies Gespräch über den Täufer im Anschluß an jenes oben besprochene Verbot Jesu, die ihnen zuteilgewordene Vision der Gemeinschaft Jesu mit Mose und Elia (Mark. 9,2-8) zu verbreiten – bis zu dem Zeitpunkt, da »der Menschensohn von den Toten aufersteht« (Mark. 9,9). Die Jünger verstehen nicht, was das heißen solle (V. 10), und fragen nach dem Kommen Elias (V. 11)! Dieser Zusammenhang wird nur dann durchsichtig und verständlich, wenn man voraussetzen darf, daß Markus sich hier im stillen mit einer Elia-Überlieferung aus dem Anhängerkreis des Täufers auseinandersetzt, die dem Stück in Offb. 11 ähnlich war, jedoch das dort Ausgeführte auf Johannes anwandte; so sprach sie vom gewaltsamen Geschick des Johannes – und von seiner Auferstehung! Markus hat das natürlich abgeblendet, ohne deswegen den Täufer abzuwerten, in dem er immerhin den Wegbereiter Jesu sah (Mark. 1,1 ff.). So bleibt die Argumentation ein Torso:. Der Menschensohn, der viel leidet (V. 12) und aufersteht (V. 9; vgl. Mark. 8,31), ist nach Markus kein anderer als *Jesus*. Aber der wiederkommende Elia, das ist *Johannes* gewesen, dessen Leidensgeschick (V. 13) dem des Menschensohnes immerhin ähnlich war.

Aber nicht genug damit, findet sich eine zweite Stelle im Markusevangelium (6,14-16), durch die sich die Vermutung bestätigt: Hier wird berichtet, der König Herodes habe von Jesu Wirken und vom Gerücht im Volk gehört, »Johannes der Täufer sei von den Toten auferstanden«, und daher erklärten sich die Machttaten, die durch Jesus geschehen. »Andere sagten: Er ist Elias. Noch andere sagten, er sei ein Prophet, wie einer von den Propheten. Als Herodes das hörte, sagte er: Den ich enthauptet habe, Johannes, der ist auferstanden!« Daran schließt sich in einer Rückblende die häßliche Geschichte vom Tode des Täufers (V. 17-29) an. Sie schließt – in eigenartiger Analogie zum Schluß der Leidensgeschichte Jesu – mit der Bemerkung, nach Johannes' Tode seien seine Jünger gekommen, hätten seinen Leichnam aufgehoben und in einem Grab bestattet (V. 29). Sollte das alles in der christlichen Überlieferung erfunden sein, als bloßer Kontrast zur Auferstehung Jesu? Das ist schwer denkbar. Ungleich wahrscheinlicher ist, daß sich hier wieder eine Überlieferung spiegelt, nach der Johannes der Täufer als der wiedergekommene Elia gestorben, begraben und auferstanden sei – wie Elia in Offb. 11! Markus hat das an dieser Stelle als Gerede im Volk und daraufhin als Meinung des erschrokkenen Täufermörders Herodes stilisiert. Überdies hat er an späterer Stelle ein übriges getan und das Gerede im Volk wiederholt (8,27ff.). Petrus antwortet auf Jesu Frage, für wen die Leute ihn hielten: »Für Johannes den Täufer! Andere: Für Elia; noch andere: Für einen von den Propheten.« Und diesem Gerede im Volk gegenüber tritt das Bekenntnis des Petrus, daß Jesus der Messias sei (V. 29). Damit ist die Frage, wer Jesus sei, für Markus aber noch nicht geklärt: Jesus selbst fügt hinzu, daß er als der Menschensohn leiden, sterben und auferstehen müsse (V. 31). Sieht man das auf dem Hintergrund der V. 28 wiederum anklingenden Täufertradition, so wird deutlich, wie nach der Sicht des Markus Jesus – nicht der Täufer – der ist, dessen Leidensgeschick durch die Auferstehung gekrönt worden ist.

Wenn das richtig ist, so hebt sich hier hinter der urchristlichen Überlieferung eine täuferische ab, die in Johannes die eschatologische Rückkehr des Propehten Elia behauptete, seinen Tod in einer Reihe mit dem gewaltsamen Geschick aller Propheten sah und von ihm – in Übernahme eines Motivs aus jüdischer Eliasüberlieferung – verkündigte, er sei vom Tode auferstanden.

Wir würden dann in diesem täuferischen Bilde eine konkrete Inanspruchnahme einer Vorstellung erkennen können, die sich in ihrer jüdischen Urform in Offb. 11 erhalten hat. Überdies lassen sich die Motive dieser jüdischen Vorstellung in späterer Überlieferung – besonders im Populärschrifttum der Alten Kirche – in überraschend großer Zahl nachweisen.

d) Die Aufgabe, die sich für dieses Kapitel stellte, war zu ermitteln, was sich durch die Betrachtung der jüdischen Auferstehungserwartung für das Verständnis der christlichen Auferstehungspredigt gewinnen läßt. Wir können jetzt in zwei Punkten die Summe ziehen.

1. Die Hoffnung der urchristlichen Gemeinden auf die endzeitliche Auferstehung ihrer Toten entspricht weithin der jüdischen. Während jedoch im Judentum die Auferstehung der Gerechten als Folge ihres gerechten Tuns erhofft wird, wird sie im Christentum als Heilswirkung der Auferstehung Jesu für die, die ihm im Glauben zugehören, erwartet.

2. Die urchristliche Verkündigung der Auferstehung Jesu hat in jüdischer Überlieferung keine entsprechend breite Vorgeschichte. Zwar lassen sich die christlichen Aussagen über die himmlische

Einsetzung Jesu zum endzeitlichen Heilsmittler für die Erlösten und zum Richter aller Frevler als durch die verschiedenen Ausgestaltungen jüdischer Messiaserwartung vorgeprägt erkennen; aber von einer Auferstehung des im Himmel bereitstehenden Messias ist nirgendwo die Rede. Hierzu gibt es nur eine sehr schmale Brücke durch die Beobachtung einer vereinzelten jüdischen Erwartung, der Prophet Elia werde zur Vorbereitung der Endereignisse wiederkehren, das gewaltsame Geschick aller Propheten vor ihm erleiden, aus diesem Tode aber auferweckt werden. Dazu ist freilich wiederum zu sagen, daß Elia hier nie ausdrücklich die Funktion des eschatologischen Heilsmittlers zugesprochen worden ist.

Während sich also der Vorstellungszusammenhang der urchristlichen Auferstehungshoffnung durch die Zeugnisse ihrer jüdischen Beheimatung sehr wesentlich aufhellen läßt, bleibt hinsichtlich der Mitte urchristlichen Glaubens ein markantes überlieferungsgeschichtliches Problem: Die Verkündigung der Auferweckung Jesu ist nicht entsprechend breit und geradlinig aus jüdischer Glaubenstradition herzuleiten. Hier liegt also ein erhebliches und beachtliches Ausmaß an Neubildung vor. Zwar sind die verschiedenen Quellflüsse durchaus zu erkennen, die auch die urchristliche Christologie als jüdisch beheimatet ausweisen. *Vollständig* neu sind also ihre Aussagen nicht. Aber dennoch stößt unsere Frage nach den Bedingungen der Entstehung der urchristlichen Verkündigung von Jesu Auferweckung im Entscheidenden ins Leere. Sie läßt sich offenbar nicht zureichend überlieferungsgeschichtlich aus der Glaubenstradition der jüdischen Heimat des Urchristentums beantworten, sondern erfordert eine andere Antwort. Um sie werden wir uns im folgenden Kapitel bemühen.

Kapitel III
Ursprung und Sinn der neutestamentlichen Auferstehungsverkündigung

Wie läßt sich die Entstehung der urchristlichen Verkündigung der Auferweckung Jesu historisch erklären?

a) Zunächst ist nach den *Osterereignissen* zu fragen, die der ältesten Osterüberlieferung zugrunde liegen. Nach den Untersuchungen im 2. Kapitel kommen hier von vornherein nur zwei Texte in Betracht: 1. die Ostergeschichte Mark. 16,1-8 in ihrer ältesten Gestalt und 2. die Formelreihe 1. Kor. 15,5 ff., in der die Erscheinungen des Auferstandenen aufgezählt werden. Was die Erscheinungsüberlieferung betrifft, so stimmt die Forschung überwiegend in dem Urteil überein, daß es sich jedenfalls bei der Ersterscheinung vor Petrus 1. Kor. 15,5 um ein wirkliches Erlebnis handelt, das Petrus wahrscheinlich in Galiläa widerfahren ist (Mark. 16,7; vgl. Joh. 21,1 ff.). Es ist anzunehmen, daß er nach dem Tode Jesu mit den übrigen Anhängern Jesu in ihre galiläische Heimat zurückgekehrt ist. Dort ist ihm eine Zeit danach eine Vision nach Art der von Paulus Gal. 1,15 beschriebenen »Offenbarung« widerfahren, in der ihm Jesus als Auferstandener erschien und zur Sammlung seiner Jünger als endzeitliche Gemeinde der erwählten Heilsgenossen Gottes aufforderte (vgl. Luk. 22,34). In diesem Sinne ist er zum »Felsen« geworden, »auf dem die Kirche erbaut werden soll« (Matth. 16,18). Auch in dem Befehl »Weide meine Lämmer« (Joh. 21,15.16.17) ist ein spätes Echo auf die ursprüngliche Führungsfunktion des Petrus zu erkennen.

Die Überlieferung verbindet die Erscheinung vor Petrus mit der vor der Zwölfergruppe (1. Kor. 15,5; vgl. Mark. 16,7); und wir haben oben gesehen, daß diese in der Tat in der ältesten Zeit der zentrale Führungskreis der Jerusalemer Urgemeinde gewesen ist. Insoweit also hat die Überlieferung einen historischen Kern. Ob man freilich ebenso annehmen darf, daß die Zwölf durch eine der ganzen Gruppe widerfahrene Erscheinung in diese Position berufen worden sind, wird von manchen Auslegern bezweifelt. In der Tat ist es nicht ohne Schwierigkeit, sich die Vision einer Gruppe vorzustellen. Durchweg werden nämlich in jüdischer Überlieferung Visionen von einzelnen erfahren, nicht von Gruppen. Wenn nun der Zwölferkreis als solcher bereits vor Ostern durch Jesus selbst gegründet worden ist, wie es schon die alte Überlieferung von Matth. 19,28 sagt, so liegt es näher anzunehmen, daß sie die ersten waren, die Petrus auf die ihm zuteilgewordene Vision hin zusammenrief und die die Neukonstituierung ihrer Gruppe durch die Petrus widerfahrene Erscheinung begründet ansahen.

Dasselbe gilt dann erst recht von der Erscheinung vor den über fünfhundert Brüdern (1. Kor. 15,6), die wir oben als den Kern der Urgemeinde der Jesusjünger zu identifizieren vorgeschlagen haben. Daß ihre Zahl auf Anhieb dreitausend betragen habe (Apg. 2,41), ist freilich die idealisierende Vorstellung einer späteren Zeit. Doch dürfte so viel historisch richtig sein, daß bei der Gründung der Urgemeinde die Initiative des Petrus und der Zwölf ausschlaggebend gewesen ist und daß die Urgemeinde gleich zu Anfang eine größere Zahl von Mitgliedern gehabt hat; denn die meisten der von Jesus gewonnenen Anhänger seiner Bewegung dürften sich auf die überraschende Erfahrung von seiner Auferweckung zur Gemeinde zusammengeschlossen haben.

Die Vision des Jakobus dagegen wird man nicht mit durchschlagenden Gründen bestreiten können. Daß sie in auffallender Parallelität zu der des Petrus überliefert ist – auch ihr folgt eine Gruppenerscheinung (1. Kor. 15,7) –, ist aus der Tendenz der Überlieferung zu erklären, die Autorität des Bruders Jesu im Kreise »aller Apostel« in entsprechender Weise zur Geltung zu bringen wie die des Führungskreises der Anfangszeit. Deswegen aber die Historizität der Vision des Jakobus zu bestreiten, hieße, über das Maß gesunder historischer Kritik hinauszuschießen. Immerhin bestreitet ja niemand die Vision des Paulus. Es hat also in der Tat mehrere Visionen gegeben.

Von all diesen Visionen war in der ältesten Zeit nicht die Rede, um festzuhalten, wie die betroffenen Zeugen die Tatsache der Auferstehung Jesu erfahren hätten und so zu den ersten Glaubenden geworden seien. Dies wurde zwar vorausgesetzt, aber bei der *Überlieferung* der Erscheinung ging es darum, die Beauftragung der Zeugen durch die Autorität des Auferstandenen auszusagen. Nicht eigentlich also als *Auferstehungszeugnisse,* sondern vielmehr als *Legitimationsnachweise* der Männer, die aufgrund ihrer himmlischen Beauftragung bleibende Autorität in der Kirche hatten, sind die Erscheinungen überliefert worden. Nicht die Verkündigung, sondern das Kirchenrecht war der Rahmen ihrer Überlieferung. Fragt man jedoch entgegen diesem Aussagewillen der Überlieferung, ob nicht *faktisch* die Erscheinungen den Glauben der Zeugen begründet haben, so trifft das wahrscheinlich einzig auf die Erscheinung vor Petrus zu. Denn er war ja immerhin der erste, dem die Auferstehung Jesu eröffnet worden ist. Und wenn die Situation der Jünger Jesu in der Zeit nach seinem schmählichen Ende auch nur in etwa von Lukas richtig beschrieben worden ist (vgl. Luk. 24,21), so herrschten größte Niedergeschlagenheit und Resignation in ihrem Kreise. Die Erstvision des Petrus ist dann der Einbruch neuen, erneuerten Glaubens an Jesus gewesen. Doch ist nicht einmal das ganz sicher. Das überlieferte Wort Jesu an Petrus Luk. 22,31 f. spricht davon, daß der Glaube des Petrus nicht aufhören werde; und wenn er sich bekehrt habe, solle er seine Brüder stärken. Darin könnte ein Hinweis darauf liegen, daß Petrus die Sache Jesus keineswegs völlig aufgegeben und sich resigniert in sein vormaliges Fischerleben am galiläischen Meer zurückgezogen hat, sondern in irgendeiner Weise bemüht war, den Glauben an ihn durchzuhalten. Die Erscheinung, die ihm widerfahren ist, hätte dann nicht den ausgelöschten Glauben neu entfacht, sondern den durchgehaltenen Glauben bestätigt.

Gibt es bis dahin eine weitreichende Übereinstimmung der Forschung, so erstreckt sich diese nun andererseits auf die markinische Ostergeschichte im negativen Sinne. Es ist oben bereits darauf hingewiesen worden, daß diese Erzählung von vielen Auslegern für eine in später Zeit entstandene Tendenzlegende gehalten wird. Demgegenüber hat die oben dargelegte Untersuchung ergeben, daß es sich aller Wahrscheinlichkeit nach um eine alte Überlieferung, nämlich um die österliche Schlußgeschichte des Passionsberichtes handelt, die in der frühen Jerusalemer Urgemeinde entstanden ist. Formgeschichtlich ist sie freilich auch so als eine Legende zu bezeichnen, genauer als Kultlegende. So bezeichnet man Erzählungen, die zum Zwecke gottesdienstlicher Verlesung bzw. Rezitation entstanden und überliefert werden. Die kultische Funktion dieser Geschichte ist sehr wahrscheinlich: Hier wird das Geschehen der Auferweckung des Gekreuzigten durch Engelmund der versammelten Gemeinde verkündigt – als Abschluß der voranstehenden Geschichte seines Leidens. Er, der Repräsentant Gottes, der Gerechte, sei aus allem Leiden und aller Schmach, die seine menschlichen Feinde ihm zugefügt haben, durch Gottes Machttat befreit und erhoben worden.

Wenn sich nun die Frage nach dem geschichtlichen Kern dieser Geschichte stellt, so hat man es aufgrund dieses Urteils nicht mehr so leicht wie die vielen Kritiker, die wegen der angeblich späten Entstehung und apologetischen Tendenz der Erzählung eine völlige historische Fehlanzeige geben zu müssen glauben. Denn ist sie überlieferungsgeschichtlich alt, so kann ihre Ungeschichtlichkeit nicht bereits von vornherein feststehen. Wie es sich damit verhält, muß vielmehr nach allen Regeln der Kunst geprüft werden.

Auszugehen ist dabei vom Ort des Grabes, der fest und betont gleichsam das Substrat der Geschichte bildet und als solcher sogar bei Paulus erwähnt ist. Es ist nun kaum denkbar, daß diese Geschichte in Jerusalem ausgebildet worden ist und sich in der Überlieferung konstant gehalten hat, ohne daß das Felsengrab, von dem sie berichtet, tatsächlich vorhanden gewesen wäre. In der Tat fällt auf, daß die schroffe jüdische Polemik gegen die christliche Auferstehungsverkündigung, die sich besonders in der matthäischen Grabesgeschichte zeigt, nicht das Grab als solches bestreitet, sondern arglistige Täuschung der Jünger, die den Leichnam ihres Meisters gestohlen hätten, als den wahren Grund dafür ins Feld geführt hat, daß das Grab leer gewesen sei. Das Grab als solches war also vorhanden und ist sicherlich von den Christen in Ehren gehalten worden. Ja, mehr: Wenn das Urteil zutrifft, daß der Passionsbericht dem Zwecke gottesdienstlicher Lesung gedient hat, dann liegt die Vermutung nahe, daß der Ort der Schlußgeschichte des Passionsberichts zugleich der Ort jenes Gottesdienstes gewesen sein könnte. Dann hätte die Aufforderung des Engels: »Siehe, hier ist der Ort, an dem man ihn hingelegt hat!« (Mark. 16,6) einen ganz konkreten kultischen Bezug. Es gibt in jüdischer Überlieferung eine Fülle von Belegen dafür, daß Kultorte in überlieferten Erzählungen auf außerordentliche Begebenheiten zurückgeführt zu werden pflegen, die den Gründern dort widerfahren seien; man spricht von »ätiologischen Kultlegenden«. So läßt sich die Vermutung hinsichtlich der markinischen Ostergeschichte formgeschichtlich gut begründen.

Wenn so das Grab Jesu, das leere Grab, als geschichtliche »Tatsache« zumindest sehr wahrscheinlich ist, so ist weiterhin zu fragen, unter welchen Bedingungen die Geschichte entstanden ist. Daß der erzählte Vorgang völlig frei erfunden worden ist, ist ganz unwahrscheinlich. Erfunden wäre zweifellos eine Geschichte, die von den *Jüngern* handelt, nicht aber von den *Frauen*. Diese werden in der gesamten übrigen Überlieferung – mit Ausnahme von Luk. 8,2 f. – nur im Zusammenhang dieses Grabesgeschehens erwähnt; und die spätere Überlieferung zeigt deutlich eine Tendenz, die Jünger wenigstens nachträglich die Feststellung der Frauen bestätigt haben zu lassen (Luk. 24,12.24; Joh. 20,2 f.), wie sie den Jünger denn auch am Ostertage in Jerusalem anwesend sein läßt (Luk. und Joh. gegen Matth. und Joh. 21). So wird man als geschichtlichen Kern der Erzählung in der Tat anzunehmen haben, daß die Frauen am frühen Morgen des ersten Wochentages das Grab Jesu leer aufgefunden haben.

Ob dabei auch die geschilderte Vision des Engels wirklich von ihnen erfahren worden ist, entzieht sich freilich historischer Feststellung. Die Möglichkeit muß offenbleiben, daß die Entdeckung der Frauen erst nachträglich durch den Auferstehungsglauben der Jünger eine österliche Erklärung gefunden hat. Sie sind ja nach den Erscheinungswiderfahrnissen in Galiläa als Heilsgemeinde Jesu nach Jerusalem gekommen. Es wäre nicht verwunderlich, wenn sie die Nachricht der Frauen vom leeren Grabe Jesu als weiteres Zeichen seiner Auferstehung aufgefaßt und in diesem Glauben die vorliegende Geschichte von der Auferstehungsverkündigung des Engels am leeren Grabe Jesu gebildet hätten. Nirgendwo wird im übrigen, bis in die späteste Überlieferung hinein, erzählt, daß die Entdeckung der Frauen zum Glauben an die Auferstehung geführt habe; einzig Johannes läßt den Lieblingsjünger – den von ihm eingeführten symbolischen Repräsentanten des wahren, vollkommen glaubenden Jüngers – im Unterschied zu Petrus durch den Anblick des leeren Grabes glauben (Joh. 20,8). Darin zeigt sich, was für die Überlieferung gilt: Die Geschichte dient zum Ausdruck des Glaubens an Jesu Auferstehung, nicht zu seiner Erweckung.

Auf welche Weise das Grab Jesu leergeworden sei, ist gleichfalls eine auf historischem Wege unbeantwortbare Frage. Man kann jedoch immerhin einige mutmaßliche Erklärungen entkräften, die seit der jüdischen Polemik des Altertums bis heute immer wieder erwogen worden sind. So zum Beispiel die von Matthäus bekämpfte »Rede unter den Juden«, die Jünger hätten den Leichnam ihres Meisters gestohlen. Hermann Samuel Reimarus, der erste radikale Kritiker der Evangelien, hat sie allen Ernstes für zutreffend erklärt, damit aber zu Recht gerade unter den kritischen Auslegern keine Gefolgschaft gefunden. Dasselbe gilt von der abenteuerlichen Vermutung, die sich in populärer Überlieferung bis heute gehalten hat, Jesus sei nur scheintot gewesen, sei später wieder zu sich gekommen und habe seine Grabkammer heimlich verlassen. Das scheint übrigens bereits in neutestamentlicher Zeit ein polemisches Argument gegen die christliche Überlieferung gewesen zu sein; wenn nämlich Mark. 15,44 f. erzählt wird, Pilatus habe den Leichnam Jesu Joseph erst überlassen, nachdem er sich den Eintritt des Todes von seinem Offizier bestätigen lassen habe, so ist dieser höcht unwahrscheinliche Zug vielleicht als christliche Antwort auf einen gegnerischen Verdacht auf bloßen Scheintod Jesu zu erklären.

Ein dritter Erklärungsversuch von seiten jüdischer Polemik hat sein neutestamentliches Echo wahrscheinlich im Johannesevangelium gefunden. Wenn Maria dort in ihrem Kummer vermutet, der Gärtner habe den Leichnam Jesu inzwischen umgebettet (Joh. 20,15), so stimmt das zu dem aus späterer Zeit bezeugten jüdischen Argument, »Juda der Gärtner« habe eben dies getan. In neuerer Zeit ist diese Erklärung aufgenommen und, geradezu raffiniert verfeinert, folgendermaßen ausgestaltet worden: Jesus sei ursprünglich in üblicher Weise in einer Verbrechergrube verscharrt worden; diesen Ort hätten sich die Frauen gemerkt – und ihn am Morgen des dritten Tages leer gefunden! Sie hätten freilich nicht gewußt, daß Joseph von Arimathia inzwischen den Leichnam Jesu in ein eigenes Felsengrab umgebettet habe (Baldensperger). Der Pferdefuß dieser Rekonstruktion liegt aber darin, daß man nun erklären muß, wie es zu der Geschichte Mark. 15,42 ff. gekommen ist. Man sagt: Joseph habe zunächst aus Pietät gegenüber dem Auferstehungsglauben, der sich aufgrund der Entdeckung der leeren ursprünglichen Grabstätte Jesu gebildet hatte, von seiner Tat geschwiegen; diese sei so erst später bekanntgeworden, habe jedoch zu dieser Zeit dem längst gefestigten Auferstehungsglauben nicht mehr gefährlich werden können, so daß in der Überlieferung das Grab des Johannes leicht zum Ort der Ostergeschichte geworden sei. Das Geflecht von unwahrscheinlichen Überlieferungsvorgängen, das im Gefolge einer solchen Erklärung in Kauf zu nehmen ist, spricht ein zweifellos vernichtendes Urteil über diese selbst. Wie man die Auferstehung Jesu als Ursache für die Entdeckung des leeren Grabes durch kein historisches Argument *beweisen* kann, so kann man sie auch umgekehrt durch keine andersartige Erklärung des leeren Grabes *bestreiten*. Der Historiker steht in dieser Hinsicht vor einem Vorgang, der schlechterdings nicht mehr zu erhellen ist und nach der Vorstellung der urchristlichen Überlieferung auch nicht erhellt werden *kann*. Denn die Auferstehung selbst ist ja als ein endzeitliches Ereignis verkündigt und geglaubt worden, das sich als solches grundsätzlich jedem gegenwärtigen Erkennen entzieht. So war das leere Grab für die Alten nichts anderes als gleichsam die irdische Spur, die Jesu Auferweckung hinterlassen hatte, und darum der Ort, den Auferstandenen zu preisen, nicht aber seine Auferstehung zu beweisen.

Entsprechend steht es mit den Erscheinungen: Als »Offenbarungsgeschehen« (Gal. 1,15) sind sie nach der Vorstellung der urchristlichen Überlieferung grundsätzlich nur den Betroffenen selbst, niemand anderem zugänglich. Ob sie wirklich geschehen sind, hätte auch damals kein Mensch nachträglich überprüfen können. Freilich ist keiner der Alten auf die Idee gekommen, eine solche Forderung zu erheben. Denn für sie gehörte die Möglichkeit einer solchen außerordentlichen Eröffnung »verborgener« Wirklichkeit an einzelne Auserwählte zum Bereich tradierter Erfahrung wesentlich hinzu. Es gab in der jüdischen Welt, in der die ältesten Christen zu Hause waren, keine größere, gewissere Autorität als die solcher »Offenbarung«. Da die Welt hier nicht wie im Griechentum als ein in sich bestehender Raum, sondern vielmehr als ein andauernder Geschehensprozeß verstanden wurde, in dem alles Tun ständig entsprechendes Geschehen provoziert; und da Gott nicht als ein in sich bestehendes, in einer anderen, entfernten Welt befindliches Wesen, sondern als der Herr dieser Welt geglaubt wurde, in dessen schöpferischem Tun die Wirklichkeit dieser Welt bestehe, war die Welterfahrung der Juden zutiefst durch die Möglichkeit von immer Neuem, unerwartet Eintretendem bestimmt und erzeugte so eine grundsätzliche Offenheit für neues Tun und neues Wort Gottes, die zum Charakter israelitischen Glaubens wesentlich hinzugehörte. Die Forderung, erst einmal nachzuforschen, ob der betreffende Visionär wirklich eine Vision erfahren habe, wäre unter den damaligen Christen als ein völlig unverständliches, sinnloses Begehren zweifellos abgewiesen worden. Über die Wahrheit eines empfangenen Wortes und seiner Verkündigung entschied nach dem Denken Israels ja immer das nachfolgende Geschehen. Nach vorwärts in die Zukunft schaut, wer ein Wort hört; denn »wenn Er spricht, so geschieht's; wenn Er befiehlt, so steht es da« (Ps. 33,9).

Dem entspricht, daß die Erscheinungen des Auferstandenen als Berufungen erfahren und überliefert worden sind. Die Erfahrung der Auferstehung Jesu, die in den Erscheinungen enthalten war, wies offenbar an ihr selbst nicht einfach auf das Ereignis der Auferstehung zurück, sondern von daher zu ihr entsprechendem Tun nach vorwärts. Auch die Vorstellung der Auferstehung Jesu selbst verband sich ja, wie wir gesehen haben, mit der Vorstellung seiner Einsetzung in eine endzeitliche Vollmachtstellung bei Gott im »Verborgenen«. Die Wirklichkeit des im Himmel bei Gott Verborgenen aber stand, unter dem Aspekt des Menschen gesehen, in der Zukunft bevor. Die Entrückung, die Jesus widerfahren ist, ist demnach im Sinne des urchristlichen Glaubens als ein Überholen aller zukünftigen Zeit, als vorweggenommenes Endgeschehen aufzufassen. *Sehen* konnte und sollte man den Auferstandenen *am Ende*, wenn Gott die Verborgenheit des noch Verborgenen mit einem Schlage aufheben und seine Erwählten mit dem Messias zusammenführen werde. Dann sollten sie ihn als ihren Heilsmittler sehen und jubeln (1. Petr. 1,8 f.), seine Feinde aber ihn als ihren Richter erkennen, der sie der Verdammnis überantworten werde (vgl. Mark. 14,62). Das Sehen als solches ist also eine Sache der Endzeit – gegenwärtig ist Zeit des Glaubens, Handelns und Hoffens auf seinen Namen, auf seine *zukünftige* »Offenbarung« (1. Petr. 1,8; Röm. 8,24 f.; 2. Kor. 4,16-18). Den wenigen, die ihn *gesehen haben* (1. Kor. 9,1), ist er erschienen, um sie zu *berufen* und dadurch das seiner Auferweckung entsprechende neue Missionsgeschehen auf Erden in Gang zu bringen.

Das ist die Vorstellung der Alten. Sosehr sie darum vom Geschehensein der Auferstehung Jesu überzeugt waren, sosehr haben sie sich dadurch in eine Bewegung nach vorn gewiesen und eingewiesen erfahren.

b) Wir bleiben also in einem sehr äußerlichen Verstehen befangen und haben noch nichts von dem begriffen, was für die Alten das Wesentliche war, wenn wir unsere kritische Untersuchung allein auf die Frage konzentrieren, ob Jesus nachprüfbar-wirklich auferstanden sei oder nicht. Der Sinn gerade des von den Alten behaupteten Geschehenseins ist nur zu bemessen, wenn man sich darauf konzentriert, jene *Bewegung* zu verstehen, in die die Erfahrung der Auferstehung Jesu die Kirche des Urchristentums gestoßen hat. Die *Folgen* der Auferstehung Jesu sind es, in denen sich ihre

Wahrheit abzeichnet; und erst am Ende, wenn alle Zeiten sich vollenden, in Gottes Gericht, wird menschliches Erkennen das Ereignis seiner Auferstehung gleichsam einholen. Allererst dann »werden wir ihn sehen, wie er ist« (1. Joh. 3,2; vgl. 1. Kor. 13,12).

Damit soll die seit zweihundert Jahren immer wieder hin- und hergeworfene Frage nach der Historizität der Auferstehung Jesu gewiß nicht vom Tisch gefegt werden. Es will mir allzu leichtfertig erscheinen, wenn einige Theologen in der neutestamentlichen Rede von der Auferstehung Jesu lediglich ein Ausdrucksmittel für die Erfahrung des Glaubens erkennen wollen, das sich ebensogut durch andere »Interpretamente« ersetzen lasse (W. Marxsen). Sieht man näher zu, was mit dieser These sachlich gemeint ist, so zeigt sich, daß es die stets neue Erfahrung der Gegenwart Jesu bei den Christen ist, die je neue und verschiedengestaltige »Wirklichkeit« der Begegnung mit ihm. Nun, das ist zunächst ein wesentliches Motiv der neueren protestantischen Frömmigkeitsgeschichte; und man sollte vorsichtig damit sein, es unbesehen auch für das »eigentliche« Grundmotiv des Auferstehungszeugnisses der ältesten Christen zu halten. Um die je aktuelle *Gegenwart* des Auferstandenen geht es in der urchristlichen Rede von den Erscheinungen Jesu, von der Emmausgeschichte abgesehen, keineswegs. »Er kommt auch noch heute« – das wäre keine Überschrift, in der sich zutreffend die urchristliche Auferstehungsverkündigung zusammenfassen läßt. Die Erscheinungen sind nicht als Eröffnung immer neuer Begegnungen mit dem auferstandenen Christus überliefert worden, sondern als einmalige Akte der Bevollmächtigung der ersten, grundlegenden Zeugen. Nach ihnen wird es eine *Begegnung* mit dem auferstandenen Christus *erst in der Endzeit* geben. Und wo sich in den Gemeinden des Paulus Motive zur Geltung brachten, das endzeitlich-zukünftige Kommen Christi in die gegenwärtige Glaubenserfahrung zurückzunehmen, hat er sich heftig zur Wehr gesetzt. Wo aber gar die Wirklichkeit der Auferstehung Christi zu einem Ausdruck für die Lebendigkeit des christlichen Glaubensbewußtseins und seiner Äußerungen werden soll, da darf sich solche Interpretation gewiß nicht mit historischem Recht als die »eigentliche« Meinung des Paulus oder eines der anderen Zeugen der urchristlichen Auferstehungsverkündigung ausgeben.

Der Sinn der urchristlichen Rede von der Auferstehung Jesu ist ungleich besser getroffen, wenn man mit einer großen Zahl anderer Ausleger ihren Sinn in dem Satz zusammenfaßt: Jesus sei in das Wort der *Verkündigung* hinein auferstanden (R. Bultmann). Diese zum Schlagwort gewordene Formulierung sollte ursprünglich eine zugespitzte Antithese gegenüber denen sein, die den Sinn der Auferstehung in der »Realität« ihres Geschehenseins als solcher behaupteten (zum Beispiel W. Künneth). In dieser Zielrichtung trifft es in der Tat zu, auf das Verkündigungsgeschehen, auf die Mission im konkret geschichtlichen, weitest gefaßten Sinn als auf das Ziel der Erscheinungen des Auferstandenen abzuheben. Aber wenn sich damit nun das Urteil verbindet, die Auferstehung Jesu als Ereignis für sich sei theologisch belanglos, da es in ihr um nichts anderes als um die Kraft der Verkündigung des Gekreuzigten gehe, so ist wiederum ein spezifisches Motiv »moderner Theologie«, nach der sich das Heilsgeschehen auf den Kreuzestod Christi konzentriert, in das Urchristentum eingetragen. Gewiß hat der Tod Christi »für unsere Sünden« (1. Kor. 15,3) zentrale Bedeutung, besonders im theologischen Denken des Paulus. Aber seine Kraft hat dieser Satz erst durch die Überzeugung, daß Gottes schöpferische Macht den Gekreuzigten vom Tode auferweckt und damit seine Liebe zur Wirkung gebracht habe. Ohne die Auferweckung Jesu als eigenes Geschehen, als Machttat Gottes an dem gekreuzigten Jesus hätte das »Wort vom Kreuz«, paulinisch gedacht, keine Kraft. Ist doch die Wirkung der Auferstehung in der Existenz der Glaubenden die, daß sie zu wirksamem Tun der Gerechtigkeit, zur Liebe fähig und stark werden (Röm. 6,4.12 ff.; Gal. 5,6). Gewiß haben sie dazu Leiden auf sich zu nehmen, und gewiß haben sie ständig ihre Selbstsucht zu überwinden – aber darin allein besteht die Nachfolge Christi nicht! Nicht indem ich mich mit Christus kreuzigen lasse, indem ich auf eigenen Ruhm und eigenes Mich-Durchsetzen verzichte, entspreche ich in meinem Leben dem Christusglauben, sondern indem ich mich auf das über alles wichtige Zeichen des Sieges der Liebe Gottes in der Auferweckung des gekreuzigten Christus zum Tun der Liebe provozieren lasse.

In der urchristlichen Rede von Jesu Auferstehung ist also das Entscheidende dies: daß hier Gottes schöpferische Allmacht zur Wirkung gekommen ist. Der Glaube an Christus ist, urchristlich gedacht, Glaube an den auferweckten Gekreuzigten und darin *Glaube an Gott in höchstmöglicher Steigerung*: nämlich als Glaube an Gott, der seinen Repräsentanten aus dem Tode zu sich erhoben hat.

Worin aber repräsentiert Jesus Gott? Wir haben oben (S. 31 ff.) im Blick auf die Grundgedanken des Paulus bereits vorgreifend die Antwort gegeben: Nach Paulus ist es in der Tat der Gekreuzigte, der eben, indem er sich selbst in den *Tod* gegeben hat, Gott repräsentiert: nämlich Gottes *Liebe*. Liebe ist, biblisch verstanden, ein Tun zum Guten für andere. Liebe in diesem Sinn vollendet sich, wo einer für andere sein Leben hingibt (Gal. 2,20; Joh. 15,13), ja mehr: wo er dies für seine Feinde tut (Röm. 5,6-8). Indem Christus für die Ungerechten, die Sünder, die Feinde Gottes gestorben ist, repräsentiert er Gottes Liebe zu ihnen. Sosehr der Glaube an Gottes Liebe an der Verkündigung der *Auferweckung* des Gekreuzigten durch Gottes Machttat hängt, sosehr besteht der Sinn dieser Machttat darin, daß es der *Gekreuzigte* war, den Gott auferweckt hat. Denn das heißt, daß es die Liebe ist, die Gottes Machttat zur Wirkung gebracht hat.

Der Glaube an den auferweckten Gekreuzigten hat seinen Sinn darin, daß es keine andere Macht als die der Liebe ist, die zuletzt zur Herrschaft kommt und kommen soll. In diesem Sinne ist das *Kreuz* Zeichen des Christlichen. Das Zutrauen zu ihm aber und der ungeheure Schwung und Aufschwung, der daraus seine Kraft zieht, gründet sich auf die *Auferweckung* des Gekreuzigten. Steht und fällt der *Sinn* und die *Zielrichtung* des Christentums mit dem Glauben an das Kreuz Christi, so steht und fällt die *Kraft* dieses Glaubens mit dem Glauben an die Auferstehung des Gekreuzigten.

c) Von hier aus müssen wir aber noch einen letzten Schritt tun, indem wir die am Schluß des letzten Kapitels offengebliebene Frage nun wieder aufgreifen und zu beantworten suchen: Wie ist es zur Entstehung dieses Auferstehungsglaubens gekommen? Das Ergebnis unserer bisherigen Untersuchung lautete: Die Entstehung des Auferstehungsglaubens sei ein historisches Rätsel. Ist das alles? Muß es bei diesem Satz bleiben?

Nun, wir haben einen Umstand noch nicht in die Erklärung einbezogen, und zwar den entscheidenden: nämlich daß es *Jesus von Nazareth* war, den die Zeugen seiner Erscheinungen erkannten und in ihrer Auferstehungsverkündigung meinten. Hatten sie ihn als von Gott Auferweckten erkannt, so bedeutete das für sie zugleich, daß Gott durch diesen Akt mit der Gültigkeit seines endzeitlichen Urteils ihm recht gegeben, ihn als Gerechten anerkannt hatte. Im umgebenden Judentum ist die Auferstehung ja im

Zusammenhang des Endgerichts erwartet worden und kann nur in diesem Rahmen in ihrem Sinn verstanden werden.

Zwar kannte man die Vorstellung der vorweggenommenen Auferstehung eines einzelnen vor dem Eintreten der Endereignisse im Judentum allgemein nicht. Man kann darum nicht annehmen, daß die Jünger Jesu leicht auch von selbst zu der Gewißheit hätten kommen können, ihr Lehrer sei nicht im Tode geblieben, sondern auferstanden, und ihre Visionen seien lediglich als Ausdruck dieser Gewißheit zu erklären. Selbst wenn es im Zusammenhang der jüdischen Erwartung einer endzeitlichen Wiederkehr des Propheten Elia vereinzelt die Vorstellung gegeben haben sollte, Elia werde dann das Schicksal aller Propheten erleiden und sterben, aber nach drei Tagen wieder auferstehen, so ließe sich diese höchstens als mögliche Verstehenshilfe für das, was die Jünger Jesu in seiner Erscheinung zu erfahren bekommen hatten, nicht aber als direkte Quelle dieser Erfahrung auffassen.

So bleibt also hier in der Tat ein Rätsel, ein Erkenntnisvorgang, der sich aus keinerlei zuvor gegebenen Bedingungen ableiten läßt. Aber dort, wo diese Erkenntnis einmal durch das Erscheinungswiderfahrnis gegeben war: »Jesus ist vom Tode auferweckt!«, da konnten sich die weiteren Aussagen in der Tat leicht assoziieren: Er sei im Himmel zum Messias, zum Gottessohn, zum Herrn eingesetzt. Er sei der Gerechte, dessen Leiden in den Psalmen bezeugt sind; Gott habe ihn aus dem Tode, den ihm seine Feinde zugefügt haben, errettet und seine Gerechtigkeit ewig bestätigt.

Mit all dem aber ist das Wesentliche noch nicht genannt: Es liegt darin, *wer* dieser Jesus war, der nun als der Auferstandene, als der himmlische Heilsmittler, als der von Gott erhobene Gerechte erschien. Hatte Gott *ihn* auferweckt, so hatte er doch darin zugleich auch *seine Bewegung*, seine Verkündigung und Lehre, mit endzeitlicher Gültigkeit ins Recht gesetzt. Denn was Jesus durch seine Auferweckung jetzt geworden war, das galt doch der Bestätigung dessen, was er in seinem Wirken gewesen war. Der Sinn aller Hoheitsprädikate, die dem Auferstandenen im Urchristentum beigelegt worden sind, leitet sich ursprünglich her von dem, was Jesus in der Geschichte seines Wirkens zuvor gewesen ist.

An dieser Stelle müßte eine geraffte Darstellung von Verkündigung und Wirken des »historischen Jesus« eingeschaltet werden. Wir können hier des gegebenen Rahmens wegen nur das Wichtigste andeuten. Es sei im übrigen auf das in dieser Reihe erschienene

Buch von Herbert Braun sowie auf das von Günther Bornkamm (Urban Bücher Nr. 19) verwiesen.

Das Herzstück der Verkündigung Jesu ist, daß er die endzeitliche Verwirklichung der Herrschaft Gottes für Gerechte und Sünder zugleich ausrief: »Das Reich Gottes ist nahe herbeigekommen!« (Matth. 4,17). Diese Botschaft ist ganz und gar aus der jüdischen Glaubensgeschichte heraus gedacht. Der Gott, den Jesus verkündigte, ist der Gott Israels, der die Väter erwählt und ihnen Gerechtigkeit zugesagt und von ihnen Gerechtigkeit gefordert hatte; der als der Herr in schöpferischer Allmacht über Wirklichkeit und Bestand aller Dinge und alles Geschehens gebietet und der seine Macht zum Heil seiner Erwählten einzusetzen zugesagt hatte. Das »Reich Gottes« ist nichts anderes als dies: die endzeitlich-ewige Verwirklichung des Heiles für Gottes Erwählte und zugleich die Vernichtung aller Feinde und Bedrücker, der Ungerechten und Frevler, zu ewigem Unheil: also der Vollzug des letzten Gerichtes, das über das ewige Geschick der Menschen entscheidet.

Es ist oben beschrieben worden (S. 79 ff.), wie Israel immer tiefgreifender von dem Problem betroffen wurde, daß der Gerechtigkeit Gottes nicht die Gerechtigkeit Israels entsprach. Seitdem die Propheten Israel mit seiner Sünde konfrontiert und ihm als Folge seines Tuns den »Zorn« Gottes angekündigt hatten, ist das Problem der Sünde der Erwählten nie zur Ruhe gekommen; und die besten und glaubwürdigsten Israeliten waren die, die den Zusammenhang von Sünde und Unheil auch und gerade auf das erwählte Volk bezogen und darum im Blick auf das Endgeschick Israels zutiefst beunruhigt waren. Sosehr man aus der Erfahrung der früheren Geschichte wußte, daß Gott sich der Sünder erbarmen, über Sünden hinwegsehen, sie vergeben konnte, und so flehentlich darum gerade die frommen Kreise um Vergebung für das in Sünde gefallene Volk beteten, so klar wußte man zugleich auch, daß der eherne Grundsatz des Endgerichtes Gottes bestehen bleiben müsse: daß nur diejenigen, die die Erwählung in Gerechtigkeit bewährt haben, dem ewigen Heil, alle Sünder dagegen ewigem Unheil anheimgegeben werden. So hat Johannes der Täufer die Predigt der Propheten in höchster Verschärfung erneuert und die Sünder zur Umkehr und zu Taten der Gerechtigkeit gerufen, bevor es – bald – zu spät sein werde (Matth. 3,7-10).

Den Ruf zur Umkehr hat Jesus vom Täufer aufgenommen. Aber die Atmosphäre hat sich völlig gewandelt: Der tiefe Gerichtsernst des Bußpredigers ist befreiendem Jubel gewichen. Denn während der Täufer die Sünder im Blick auf das nahe bevorstehende Gericht zur Umkehr rief, steht hinter Jesu Ruf zur Umkehr die einfältige Gewißheit des Heiles für alle, die sich jetzt Gott zuwenden. Gott macht in seinem Reich, das er jetzt zu vollenden anhebt, keine Unterschiede zwischen Gerechten und Sündern, alle sind ihm willkommen; ja die Engel im Himmel freuen sich über die Umkehr eines einzigen Sünders mehr als über die verdiente Anwesenheit von über neunundneunzig Gerechten (Luk. 15,7).

Darum wendet sich Jesu Ruf vorzugsweise an Sünder, und zu gezielter Provokation der Frommen hat er sich mit eben denen zusammengetan und in Freudengelagen ihre Aufnahme ins Himmelreich gefeiert, die in der Öffentlichkeit Israels als unwiderruflich verlorene Sünder galten: Zöllner, Huren und andere ortsbekannte Sünder (Mark. 2,15; Matth. 11,19). Denn: »Die Gesunden brauchen keinen Arzt – nur die Kranken. Nicht die Gerechten zu rufen bin ich gekommen, sondern die Sünder« (Mark. 2,17).

Das heißt natürlich nicht, daß Jesus in einer »Umwertung aller Werte« die Gerechten verworfen und sich mit den Sündern solidarisiert hätte. Sünde bleibt Sünde, und ihre Folge bleibt das ewige Unheil; und »wenn ihr nicht umkehrt, werdet ihr alle ebenso umkommen« (Luk. 13,5). Umgekehrt hat der Gerechte selbstverständlich seinen Platz im Vaterhause Gottes (Luk. 15,31). Aber Jesus will die Gerechten dafür gewinnen, Gottes Entscheid zur Annahme der Sünder zuzustimmen, und seinem Heilshandeln nicht im Wege zu stehen. Würden sie die umkehrenden, begnadigten Sünder nicht als ihre Brüder begrüßen, wie Jesus es tat, so würden sie ihre bislang bewahrte Gerechtigkeit jetzt kurz vor dem Ende noch verlieren; denn wer auf den bleibenden Unterschied zwischen Gerechten und Frommen aus ist und sich darum als Gerechter vor Gott von Sündern distanziert (Luk. 18,10-14), entspricht in seinem Tun nicht dem Tun Gottes. Hat Gott seine Gerechtigkeit zum Heil für Sünder zur Wirkung gebracht, so kann kein Mensch gerecht sein, der dies bestreitet. Das ist das Ziel des Gleichnisses von den beiden Brüdern (Luk. 15,11-32): Der fröhlichen Aufnahme des Verlorenen im Vaterhause soll eine fröhliche Annahme des vom Vater aufgenommenen Bruders durch den Bruder entsprechen. Die Gerechten, die ein Leben lang Gerechtigkeit bewahrt haben, sollen sich nicht entrüsten, wenn sie mit den in letzter Stunde erst Umkehrenden den gleichen ewigen Lohn erhal-

ten – Gottes Heil kennt keine Klassenordnung (Matth. 20,1-16).
Dem entspricht, daß im Tun der von Gott begnadigten Sünder die
Liebe zum Verlorenen das ausschlaggebende Kriterium der Gerechtigkeit ist. Darum wird Gottes Gericht den, der seinem Bruder
zürnt, dem Mörder gleichstellen (Matth. 5,21 f.); und wie Gott
seine Sonne über Böse wie Gute aufgehen läßt und es regnen läßt
auf Gerechte wie Ungerechte, sollen die im Sinne des Gottesreiches
Gerechten auch ihre Feinde lieben (Matth. 5,43-45). Wie Gott
vergeben hat, so sollen die Menschen einander vergeben, grenzen-
los (Matth. 18,21 ff.; Luk. 17,3 f.; Matth. 6,14 f.; Luk. 11,5 ff.). Und
der Richter im Endgericht wird nach dem, was die Menschen
einander Gutes getan haben, ihr *Gottesverhältnis* bemessen
(Matth. 25,31 ff.).
Man kann also sagen, daß Jesu Predigt des nahen Gottesreiches der
Sache nach die Predigt der Liebe als der letzten, entscheidenden
Macht ist. Gott ist der Anwalt der Liebe, und so ist der Mensch nur
mit den Augen der Liebe vollendet als der angesehen, der er seiner
Bestimmung nach ist; und nur im Tun der Liebe gibt es Vollkom-
menheit (Matth. 5,48; vgl. Luk. 6,36!).
Wenn die Jünger nun nach Jesu Tod durch Gottes »Offenbarung«
diesen Jesus, den Prediger des Gottesreiches, als Auferstandenen,
von Gott endzeitlich ins Recht Gesetzten gewahrten, so *war es also
der Sache nach die ewige Rechtfertigung der Liebe als der letzten
entscheidenden Macht, die sie in ihrem auferstandenen Meister
gesehen haben.* Denn Jesus selbst war so wesenhaft und so völlig
mit seiner Botschaft eines, daß seine eigene himmlische Rechtfertigung zugleich die seiner Verkündigung war. So wie die Jünger den
Auferstandenen in seiner endzeitlichen Stellung und Funktion zu
sehen bekamen, so war auch das göttliche Ja zu seiner Botschaft,
das darin enthalten war, Gottes endgültige Entscheidung. Der Sieg
der Liebe, deren ewigen Herrschaftsantritt Jesus verkündigt hatte,
ist also die letzte Zukunft, die die Menschen zu gewärtigen haben.
Aber bei Gott ist diese Zukunft schon entschieden; denn Gott hat
Jesus, der ihren Anbruch, die Wirklichkeit ihrer Nähe, angesagt
hatte, vom Tode auferweckt und zu sich erhoben.
Darum aber haben die Jünger zugleich mit der Auferweckung Jesu
auch die endzeitliche Bestätigung ihrer Jüngerschaft zu ihm erfahren. Denn Jesus selbst hatte denen, die sich zu ihm jetzt und hier
auf Erden bekennen, zugesagt, daß der himmlische Richter der
Endzeit sich entsprechend zu ihnen bekennen werde (Luk. 12,8 f.).

Als diesen Richter der Endzeit, als den »Menschensohn«, erkannten sie nun ihren auferweckten, erhöhten Meister selbst (vgl. die nachösterliche Fassung des Spruches Luk. 12,8 f. in Matth. 10,32 f.!). Von daher haben sie das Recht abgeleitet, ihre Zugehörigkeit zu ihm als Zugehörigkeit zum Menschensohn und das heißt: zu Gott und seinem Reich bestätigt zu sehen. Die Jüngergemeinde Jesu war fortan die erwählte Heilsgemeinde der Endzeit, die »Kirche Gottes«. Seitdem entscheidet sich im Christentum das Verhältnis zu *Gott* wesenhaft und bleibend am Verhältnis zu *Jesus.* Von daher erklärt sich schließlich auch, daß die Erscheinungen des Auferstandenen von den Zeugen wesentlich als ihre Sendung und Berufung zur Mission erfahren worden sind. Jetzt sollten sie auf Erden seine Verkündigung fortführen; und wenn sie dies zuerst, der Bewegung Jesu in Galiläa entsprechend, als prophetische Verkündigungsaktion an Israel verwirklicht haben (Matth. 10,5-7.23), so hat doch der endzeitlich-universale Horizont der Reich-Gottes-Verkündigung Jesu bald dazu geführt, daß sie die Grenzen Israels überschritten und »alle Völker« in die Jüngerschaft zu Jesus zu führen suchten (Matth. 28,18 f.; Mark. 13,10). Davon ausgehend, hat schließlich Paulus bewußt und gezielt Weltmission getrieben und das Evangelium von Christus als die umfassende Heilstat der Gerechtigkeit Gottes für alle, Heiden wie Juden, als Rechtfertigung der Sünder, verkündigt (Röm. 1,16 f.).

Dies alles, die Geschichte der urchristlichen Mission wie die ganze vielschichtige Geschichte des christlichen Denkens, ist als eine Wirkung jener ursprünglichen Erfahrung der Auferweckung Jesu, des Predigers der Liebe, zu verstehen. Ohne diese Erfahrung wäre das Christentum zweifellos nicht entstanden. Durch sie ist es als Ganzes begründet.

Darum gehört die Bemühung um ein angemessenes Verständnis des urchristlichen Auferstehungszeugnisses zu den elementaren Aufgaben christlicher Theologie. Wenn uns heute das ganze jüdisch-apokalyptische Vorstellungsgefüge, in das dieses Zeugnis geschichtlich eingebettet ist, fremd anmutet und wenn sich die urchristliche Aussage, Jesus sei aus seinem Tode auferstanden, unserem Wirklichkeitsverständnis gegenüber zu sperren scheint, so sollte das für den, der sich vom christlichen Glauben zutiefst engagiert weiß, kein Grund sein, die Frage nach dem ursprünglichen Sinn des Auferstehungszeugnisses auf sich beruhen zu lassen oder es leichthin den eigenen vertrauten Vorstellungen und Motiven eingängig anzugleichen – kein Grund auch, die Frage nach dem Geschehen der Auferweckung Jesu als sinnlos und antiquiert und die Bemühung, gegenwärtig überzeugende Denkmöglichkeiten für dieses Geschehen zu finden, für ein hoffnungslos apologetisches Unterfangen zu halten. Denn: Die »Sache« des urchristlichen Auferstehungszeugnisses, wenn man diesem wirklich gerecht werden will, hängt sowohl an jenem jüdischen Vorstellungszusammenhang als auch an der Verkündigung der geschehenen Auferweckung Jesu. Und aller religiös-sittliche, weltverändernde Elan, der dem Christentum bisher innewohnte, hat seinen Grund darin, daß wahr ist, was das Neue Testament als Tat Gottes an Jesus verkündigt.

Diese Wahrheit freilich läßt sich – urchristlichem Verständnis selbst entsprechend – nicht isoliert festlegen auf das, was da am Anfang geschehen ist oder geschehen sein mag; weder allein mit einer historischen »Feststellung«, daß tatsächlich passiert sei, was die neutestamentlichen Berichte als Geschehnisse erzählen, noch gar mit der Forderung, man müsse grundsätzlich gegen alle Vernunft und Erkenntnis eben »glauben«, daß das Unmögliche dennoch durch Gottes Allmacht »real« geschehen sei, wird man der Wahrheit des ursprünglichen Zeugnisses und der Erfahrungen, die sie überliefern, gerecht. Denn diese zeigt sich nicht am Gewesenen für sich, sondern am Gegenwärtigen, nicht am vergangenen Geschehen als solchem, sondern an den geschichtlichen Wirkungen, die es provoziert hat und noch hervorbringt. Alles echte christliche Engagement kommt immer schon her von der Wahrheit der Auferstehung Jesu; diese ist im Christen und seiner Welt schon wirksam, bevor er sich daranmacht, sie zu verstehen. Das Verstehen aber, wiewohl es dem Sein und Handeln nachfolgt, ist gleichwohl notwendig und darf nicht kurzschlüssig sein. Denn nicht ein in unser jeweils am Tage liegendes Begreifen eingemeindetes, sondern nur ein mit echter Anstrengung mühsam nachbuchstabiertes neutestamentliches Zeugnis wird die Kraft behalten können, christliches Leben neu und immer neu zu provozieren.

Hinweise auf weitere Literatur

*(Allgemeinverständliches ist mit * versehen)*

Außerneutestamentliche Texte

* *E. Kautzsch*, Die Apokryphen und Pseudepigraphen des Alten Testaments (1921) – darin: alle im Kapitel 2 angeführten jüdischen Schriften.
* *E. Hennecke*, Neutestamentliche Apokryphen in deutscher Übersetzung, 3. völlig neu bearbeitete Auflage, hg. von W. Schneemelcher, Band 1 (1959) – darin: Das Petrusevangelium S. 118 ff.
* *S. Krauss*, Das Leben Jesu nach jüdischen Quellen (1902)

Aus der Geschichte der Forschung

Thomas Woolston, Sixth discourse on the miracles of our Saviour (1729)
Peter Annet, The resurrection of Jesus considered in answer to the trial of the witnesses. By a moral Philosopher (1744)
* *G. E. Lessing*, Theologische Schriften (hg. von L. Zscharnack) III (1910) (hier die »Fragmente des Wolfenbüttler Ungenannten«: V. Über die Auferstehungsgeschichte; VI. Vom Zwecke Jesus und seiner Jünger)
D. F. Strauss, Das Leben Jesu, II (1836)
* *A. Meyer*, Die Auferstehung Jesu (1905)
M. Goguel, La foi à la résurrection de Jésus dans le christianisme primitif (1933)

Aus gegenwärtigen exegetischen Arbeit

L. Brun, Die Auferstehung Christi in der urchristlichen Überlieferung (1925)
R. Bultmann, Theologie des Neuen Testaments (1968[6]), §§ 7 und 33
* *H. v. Campenhausen*, Der Ablauf der Osterereignisse und das leere Grab (1966[3])
H. Grass, Ostergeschehen und Osterberichte (1962[2])
J. Kremer, Das älteste Zeugnis von der Auferstehung Jesu (Stuttgarter Bibelstudien 17, 1967)

* *W. Künneth,* Theologie der Auferstehung (Siebenstern-Taschenbuch Nr. 108/109)

K. Lehmann, Auferweckt am dritten Tage nach der Schrift (Quaestiones diputatae 38, 1968)

* *E. Lohse,* Die Auferstehung Jesu Christi im Zeugnis des Lukasevangeliums (Biblische Studien 31)

W. Marxsen – U. Wilckens – G. Delling – H. G. Geyer, Die Bedeutung der Auferstehungsbotschaft für den Glauben an Jesus Christus (1968⁷)

* *W. Marxsen,* Die Auferstehung Jesu von Nazareth (1968)

W. Pannenberg, Grundzüge der Christologie (1966²)

* *K. H. Rengstorf,* Die Auferstehung Jesu. Form, Art und Sinn der urchristlichen Osterbotschaft (1960⁵)

L. Schenke, Auferstehungsverkündigung und leeres Grab (Stuttgarter Bibelstudien 33, 1968)

BIBLIOTHEK THEMEN DER THEOLOGIE

Herausgegeben von Hans Jürgen Schultz
Jeder Band ca. 175 S., Ppbd. mit Schutzumschlag

KREUZ VERLAG STUTTGART · BERLIN

GTB Siebenstern

024 A

Ökumenischer Taschenbuchkommentar zum Neuen Testament

Herausgegeben von Erich Gräßer und Karl Kertelge

Band 2/1:
Walter Schmithals
Evangelium nach Markus Kapitel 1–9,1
1979. 397 S.
(Fortsetzungspr. 17,80 DM)
Kt. 19,80 DM (GTB 503)

Band 2/2
Walter Schmithals
Evangelium nach Markus Kapitel 9,2–16
1979. 370 S.
(Fortsetzungspr. 17,80 DM)
Kt. 19,80 DM (GTB 504)

Band 3/1
Gerhard Schneider
Das Evangelium nach Lukas Kapitel 1–10
1977. 253 S.
(Fortsetzungspr. 14,80 DM)
Kt. 16,80 DM (GTB 500)

Band 3/2:
Gerhard Schneider
Das Evangelium nach Lukas Kapitel 11–24
1977. 256 S.
(Fortsetzungspr. 14,80 DM)
Kt. 16,80 DM (GTB 501)

Band 4/1:
Jürgen Becker
Das Evangelium nach Johannes Kapitel 1–10
1979. 340 S.
(Fortsetzungspr. 17,80 DM)
Kt. 19,80 DM (GTB 505)

Band 4/2:
Jürgen Becker
Das Evangelium nach Johannes, Kapitel 11–21
320 Seiten
(Fortsetzungspr. 24,80 DM)
Kt. 26,80 DM (GTB 506)

Band 5/1:
Alfons Weiser
Die Apostelgeschichte, Kapitel 1–12
1981. Ca. 240 Seiten.
(Fortsetzungspr. ca. 19,80 DM)
Ca. 22,80 DM (GTB 507)

Band 16:
Klaus Wengst
Der erste, zweite und dritte Brief des Johannes
1978. 261 S.
(Fortsetzungspr. 16,80 DM)
Kt. 18,80 DM (GTB 502)

Gütersloher Verlagshaus Gerd Mohn